AF200019

Bibliografische Information der Deutschen Nationalbibliothek
Die Deutsche Nationalbibliothek verzeichnet diese Publikation in der
Deutschen Nationalbibliografie, detailierte bibliografische Daten  sind im
Internet über http.//dnb.dnb.de abrufbar

© 2018 by Rolf Gänsrich
*Herstellung und Verlag: BoD – Books on Demand,*
*Norderstedt*

ISBN  9783748193180

# Wie bewerbe ich mich richtig?

… ein kleiner Ratgeber für den Berufsalltag …

von Rolf Gänsrich

# Inhalt

## I.I. Sie sind wichtig!

Wer einen neuen Job braucht, muss sich wohl oder übel dafür auch bewerben, denn kein Job kommt auf einen zu geflogen, wie beispielsweise ein gebratenes Hühnerbein im Wienerwald. In vielen Jahren der Arbeitslosigkeit, Verzeihung, der beruflichen Neuorientierung, durfte ich in regelmäßigen Abständen an sogenannten „Maßnahmen" der Bundesagentur für Arbeit und seiner untergeordneten Stelle, dem Jobcenter, mehr oder weniger freiwillig und deshalb eher unfreiwillig, schon an so was teilnehmen.

Dabei habe ich einiges gelernt, wie zum Beispiel Lebensläufe schreiben. In all den Jahren ist so häufig von anderen Menschen in meinem schriftlichen Lebenslauf herum gefuhrwerkt worden, dass ich ihn nicht mehr als meinen anerkennen kann, denn der, über den da die Rede ist, bin ich nicht. Mal auf die amerikanische Art, dann auf die italienische, aber mit angloamerikanischer Schreibweise der Daten, mal von hinten nach vorn, dann wieder auf die arabische Art von rechts nach links aber mit lateinischen Zahlen, dann wieder von vorn nach hinten, Tabellarisch, in Prosa, von Hand geschrieben, mit Riefen, ohne Riefen, mit Schatten, mit Uhrzeit, mit Bild oben links, oben rechts, in der Mitte, am Ende links neben der Unterschrift, am Anfang rechts neben dem Datum, über dem Datum, auf dem Datum … … …

Aufgefallen ist mir dabei: was immer du im letzten sogenannten „Coaching" gelernt hast, in diesem hier ist es garantiert falsch. „Das macht man heute so nicht mehr!" „Aha." Klar, die Firmen, die ein „wie bewerbe ich mich richtig" anbieten, verdienen daran. Sie schaffen sich ihre eigenen Arbeitsplätze in dem sie anderen erzählen, wie sie an Arbeit kommen. Schlimm wäre es, für diese Bildungseinrichtungen, wenn das auch noch funktionieren würde, was sie da mit den armen Teilnehmern machen, denn dann würden diese Firmen ihrer Existenzberechtigung beraubt.
Auch gibt es tausende Publikationen zu diesem Thema. Kaufen Sie die! Lesen Sie die! Handeln Sie nach deren Ratschlägen! Genauso wie diese Coachings, Bewerbungstrainings nur denen, die sie durchführen, etwas nützen, so verdienen auch die Autoren der entsprechenden Fachliteratur an Ihrem Dilemma … und letztendlich auch ich, wenn Sie diesen kleinen Ratgeber hier wirklich gekauft haben!

Wir alle, die Bildungseinrichtungen, die hoch gelehrten Autoren und ich, sorry, ich hab leider nur'n normalen Facharbeiterabschluss, wollen nur Ihr Bestes! … Ihr Geld!

Um es in einem Satz zu sagen: Eine richtige Strategie, wie man sich bewerben sollte, gibt es nicht!
… und damit können Sie diesen kleinen Ratgeber hier bereits beiseite legen. Sie

brauchen ihn nicht mehr.

Es gibt keine „richtige" Bewerbung, keine „falsche", keinen „falschen Lebenslauf", nicht DEN Stil, DAS richtige Format. Wenn es das gäbe, gäbe es keine Arbeitslosen und keine Arbeitslosen ist der Supergau für die Marktwirtschaft.

Sehen Sie es mal so: sie werden als Arbeitsloser unbeschäftigt auf jeden Fall gebraucht!

Fühlen Sie Sich schon besser? Man braucht Sie als Arbeitslosen, um die eigenen Mitarbeiter noch mehr unbezahlte Überstunden machen zu lassen, denen noch weniger Geld zu geben und damit zu drohen: „Wenn du unser beschissenes Betriebsklima nicht magst, wirste Arbeitslos und alle Arbeitslosen sind faul, besaufen sich und versumpfen. Sie gehören dann zur untersten Schicht! Wollen sie etwa als schwer abhängiger Alkoholiker auf der untersten Stufe der Gesellschaft enden und den ganzen Tag lang Schlager von Helene Fischer hören? Nein? Na dann arbeiten sie hier mal gefälligst in unserer Drecksbude ab heute ihre Mittagspausen durch!"

Nun hab ich gemerkt, dass es zwei Arten von Menschen gibt und die ich jetzt gar nicht mal, ausnahmsweise, bewerten möchte.

Nein, über Bienchen und Blütchen und über die Frauenquote rede ich jetzt nicht!

Zum einen gibt es Menschen, und das sind die meisten, die brauchen eine vorgegebene Tagesstruktur. Die brauchen eine Arbeit, bei der sie etwas Sinnvolles machen und bei der man ihnen vor allem sagt, was sie wie zu machen haben.

„Sie fangen bei uns um zwischen acht und neun Uhr an, ihr Arbeitsplatz ist der Rechner auf dem linken Schreibtisch in Raum viertausendachthundertzwölf und dort bearbeiten sie heute die Zahlungseingänge und verbuchen die richtig. Von zwölf bis zwölf-Uhr-dreißig oder von dreizehn-Uhr bis dreizehn-Uhr-dreißig können sie im Aufenthaltsraum auf ihrer Etage ihre Mittagspause machen. Feierabend haben sie zwischen zechzehnuhrdreißig und siebzehn Uhr. Privates Chatten im Internet ist bei uns nicht gestattet. Ich wünsche ihnen einen schönen Arbeitstag."

So könnte die Begrüßung durch ihren neuen Chef aussehen ... im Idealfalle! Und die meisten Menschen, Sie vielleicht, sind damit vollkommen glücklich, denn nur so hat man eine echte Trennung zwischen Arbeits- und Privatleben. Renten-, Pflege-, Kranken- und Arbeitslosenversicherung werden wie die Steuern automatisch vom Gehalt abgezogen und man weiß so ungefähr, was man am Monatsende an Geld zur Verfügung hat.

Sehr praktisch! ... und ich für meinen Teil bewundere Leute, die das so können. Ich kann es nicht!

Und damit sind wir bei der zweiten Art von Menschen, den zwei bis drei Prozent, in Zahlen, von zweiundvierzig Millionen, die in Deutschland derzeit arbeiten gehen, gibt es eine Millionen, die als sogenannte Freiberufler gelten. Das ist bei weitem schwieriger. Sozialabgaben und Steuern muss man selber errechnen. Wenn ich heute mal 'ne Stunde länger schlafe, esse ich wirklich erst um sechzehn Uhr mein Mittag! Wenn man vormittags in den sogenannten sozialen Netzwerken flirtet, muss man das an anderer Stelle wieder heraus holen. Der Typ von der DHL weiß genauso wie meine schwer depressive Bekannte Tina, dass ich vormittags meist zu hause bin, weil ich ja eigentlich am Rechner zu arbeiten habe. Und manchmal nervts dann schon, wenn man einen guten Gedanken hat, den man gerade in den PC hackt und da unterbricht einen der Typ der DHL und meine Nachbarin Elke, die das Glas Bohnen heute mal wieder nicht auf kriegt und die Laubbläser im Hinterhof, ... was blasen die da überhaupt? ... oder das schreiende Kleinkind aus dem Haus gegenüber. Wochenendarbeit ist da genauso Usus, wie die Arbeitszeit bis Mitternacht und meinen letzten wirklich freien Tag hatte ich ... hatte ich ... hatte ich ...??? Aber der große Vorteil ist: niemand sagt mir, mach das so und so, weil wir das so immer schon gemacht haben! Ich brauche meine ganzen Arzttermine nicht mit meinen Kollegen abzustimmen. Bis Donnerstag um spätestens 11.30 Uhr muss das Sendemanuskript für meine Hörfunkshow fertig ausgedruckt sein. Wann ich das schreibe und drucke, ist in jedem Falle egal, trotz des Termins beim Dentisten am Mittwochnachmittag. Und wenn der Drucker mir am Donnerstag um 11.25 Uhr sagt, dass er mich gerade mal nicht leiden kann, weil seine Farbpatrone gerade jetzt eben leer ist, darf ich auf gar keinen Fall in Panik verfallen.

Wie gesagt, die meisten Menschen könnten vermutlich nicht so arbeiten, wie ich, der ich mir die Arbeit selber suchen muss. Ich könnte es nicht mehr als normaler Angestellter.

Was sind Sie eigentlich für ein Typ?
Ein Angestellter?
Ein Freiberufler?
Dann haben sie auf dem Arbeitsmarkt aber so was von schlechte Karten!
Lesen Sie als Freiberufler diesen kleinen Ratgeber mal trotzdem. Man weiß nie, wann das Amt mal wieder auf die Idee kommt, sie von ihrer derzeitigen freiberuflichen Arbeit abzubringen, um Sie in einer sogenannten „sozialversicherungspflichtigen Tätigkeit" unterzubringen.

Dem Amt sind nämlich Freiberufler grundsätzlich suspekt!
„Können sie denn nachweisen, was sie so verdient haben?" „Naja, ich schreibe nicht immer Rechnungen oder gebe Eintrittskarten aus, manche Sachen mache ich auch auf Spendenbasis." „Also nachweisen können sie nicht alles?" „.... ähm .... nööö ...."

„Und was so ihre Arbeitszeiten sind, da haben sie sicherlich auch nichts Schriftliches, oder?"

„Warum? Glauben sie mir etwa nicht, dass ich bis über sechzig Stunden pro Woche arbeite?"

„Na so war ja meine Frage auch nicht gemeint? Aber könnte es denn ein anderer irgendwie nachweisen?"

„Meinen sie etwa, meine Nachbarin schreibt sich akribisch auf, wann ich am Rechner sitze oder die Polizei besucht mich regelmäßig bei meinen Stadtführungen?"

„Nun werden sie mal nicht aggressiv! … Na dann muss ich hier wohl ihre Zahlen, die sie mir angegeben haben, glauben."

Das tolle am Freiberufler ist, man kann ihnen nichts nachweisen! Und Sie können Sich Ihre Bescheinigungen für das Amt, immer gesetzt den Fall, Sie verdienen so wenig, dass Sie noch mit ALG II aufstocken müssen, selber ausstellen!

Beispiel: Das Amt gibt Ihnen mal wieder Montags um vierzehn Uhr einen Termin bei Ihrem Sachbearbeiter, obwohl das Amt genau weiß, oder wissen müsste, dass Sie grundsätzlich immer Montags von zehn bis fünfzehn Uhr ehrenamtlich bei der Essensausgabe im Obdachlosenasyl hinterm Bahnhof Zoo helfen. Die sind auf da am Zoo auf Sie angewiesen! Aber grundsätzlich gibt ihnen das Amt seine Termine immer Montags um diese Zeit.
Was tun?
Ehrenamtliche Tätigkeit ist schließlich keine versicherungspflichtige Tätigkeit, weshalb man ehrenamtlich ja nach Feierabend tätig sein kann. Dass Sie als Freiberufler dabei quasi ihren Feierabend vorgezogen und ihre Arbeit an diesem Tage dafür auf den Abend gelegt haben, versteht das Amt nicht. … Kann es nicht verstehen, denn das Amt ist eine Behörde und laut einer Behörde geht Arbeit nun mal nur tagsüber und nicht abends.
Also, was tun Sie in solch einem Falle als Freiberufler? Richtig! Sie bescheinigen Sich selbst und damit dem Amt, dass Sie genau an diesem Montag um vierzehn Uhr eine wichtige Tätigkeit ausüben, nach der Sie dann Ihre sogenannte Hilfebedürftigkeit für diesen Monat etwas vermindern und bitten um einen Ersatztermin, der bitte schön nicht Montags zwischen zehn und fünfzehn Uhr liegt.
… was darauf aber folgt, kennen wir ja schon … der Montag-zehn-Uhr-dreißig-Termin beim Amt …
Weil Ihnen das Amt deshalb misstraut, wird es immer wieder versuchen, Sie aus Ihrer Freiberuflichkeit zu vertreiben, um Sie in eine versicherungspflichtige Tätigkeit zu schieben, denn nur so hat man Sie unter Kontrolle … sowohl vom Amt, als auch vom Arbeitgeber. Es bleibt also auch Ihnen gar keine andere Wahl, als sich mal hin und wieder auf einen Job zu bewerben, den Sie überhaupt nicht brauchen können.

Wobei es mich wundert, dass es da dann durchaus Arbeitgeber gibt, die Freiberufler fest einstellen wollen, denn jeder Firma müsste eigentlich klar sein, dass egal was man dem Freiberufler für Arbeitsaufgaben gibt, dieser eigentlich sein Ding durchzieht. Man kann sich doch durchaus vorstellen, dass der freiberufliche Journalist in seiner versicherungspflichtigen Tätigkeit als Bürohilfe diesen Job eher nebenbei her macht, um die eigene Energie für die Freiberuflichkeit zu sparen.

Aber gut, wie so viele Dinge im Leben, so darf man auch das nicht unbedingt verstehen.

## I.II. E-Mail? Brief? …. oder was?

Welche schriftliche Form der Bewerbung kann man denn nun benutzen? Die E-Mail, den Brief, das vorgegebene Online-Kontaktformular?

Ein Online-Kontaktformular funktioniert in etwa wie eine Behörde. Es gibt nur ein Ja, ein Nein, maximal noch ein „weiß nicht", für ein „unter Umständen", „vielleicht", „jein" ist da kein Platz.
„Beschreiben sie in dreiundfünfzig Zeichen ihre bisherige Tätigkeit" Tja also die Eingangsablage der Post von draußen ordnen, eingegangene Briefe nur dann öffnen, wenn es sich um hausinterne … halt, schon doppelt so viele Zeichen, als erlaubt. Mh …. also nur Ablage … noch siebenundvierzig freie Zeichen … Postablage … noch dreiundvierzig …
„Was wollen sie verdienen? Wie sind ihre Gehaltsvorstellungen?"
Verkaufen Sie Sich unter Wert, wird man Sie für Wertlos halten, für einen, mit 'nem schwachen Charakter …. ja, so was will man ja eigentlich in so'ner Firma, aber sie müssen dennoch so viel Rückgrat haben, um sich in der Reklamationsabteilung der Bude nicht gleich nach dem zweiten Kunden, den Sie haben, aus dem nächsten Kellerfenster stürzen zu wollen. Oder wenn das zum Beispiel 'n Job im Callcenter ist, bei dem Sie anderen Leuten Zeugs andrehen, … ähm … verkaufen müssen, das Sie nicht mal ihrem ärgsten Feind schenken würden, da müssen Sie schon irgendwie Selbstbewusst auftreten, aber duckmäuserisch genug, um in der Bude nicht anzuecken.

Und dann gilt es dabei noch zu überlegen: Wollen Sie diesen Job da tatsächlich? Wenn nicht, gehen Sie mit Ihren Gehaltsvorstellungen etwas lockerer ran und tippen einen Wert ein, bei dem Sie Sich noch getrost eine geräumige Zweitwohnung in Berlin leisten könnten, so Gendarmenmarkt, Ku'damm oder so.

Am schönsten finde ich die E-Mail-Bewerbung! Als Blindbewerbung ist die ideal. Da können Sie Sich an die fremde Firma erst mal heran tasten, ohne aus der eigenen Deckung zu kommen. Anders, als in der schriftlichen Bewerbung ist hier das Anschreiben schon die E-Mail selbst. Als Anhang noch Ihr Lebenslauf und ein Bild, wenn Sie es denn unbedingt wollen. Aber zum Bild komme ich später. Manche Firmen mögen auch keine Anhänge von ihnen unbekannten Absendern öffnen. Wenn Sie also den Job unbedingt auf diesem Wege haben wollen, kopieren Sie Lebenslauf, sogenannte Dritte Seite und alles, was Sie gegenüber dieser Firma sonst noch los werden wollen, direkt in Ihre E-Mail, unter das Anschreiben, mit hinein und verzichten auf Anhänge.

Ganz anders handeln Sie indes, wenn das eine Ihnen vom Amt aufgenötigte Bewerbung ist. Da muss unbedingt ein Bild mit in den Anhang gesteckt werden, möglichst mit dem sinnigen Dateinamen: „Bild von mir" oder so. Sie nehmen dann die höchste Auflösung, die möglich ist, nein, nicht damit Ihr potenzieller Nichtarbeitgeber Ihre Akne und jeden Ihrer Pickel sehen kann, sondern damit die Datei schön groß und damit möglichst schwer zu öffnen ist. Und dann ist das auch kein echtes Passbild, sondern vielleicht Sie mit einem ihrer süßen Hundewelpen oder beim Saufgelage in der Bock-Bier-Bar. … Uoops, versehentlich das falsche Bild mit angehängt ….. passiert bestimmt nie wieder! Im Journalisten Hörfunkbereich sollte man unbedingt eine kleine Tonprobe als mp3 mit anhängen, in den Printmedien vielleicht einen Artikel von Ihnen, der schon veröffentlicht wurde oder, noch besser, ein Link zu einem Artikel von Ihnen.

Überhaupt können Sie bei der E-Mail-Bewerbung sehr gut mit Verlinkungen arbeiten. Riskant ist dagegen die Formulierung: „Googeln sie mal meinen Namen! Da werden sie einiges mehr von mir finden!" …. und das dann auch garantiert! Youtube-Videos, von Ihrer, Ihrem Ex aufgenommen, die Sie dabei zeigen, wie Sie gerade wie ein Kaninchen vögeln, die Junggesellenabschiedspartie am Ballermann, oder, harmloser, den Facebook-Kommentar ihres, ihrer Ex „Kaffee kochen war ja auch nicht!" Ansonsten geht bei E-Mail alles, was auch auf Papier geht. Also fast alles und ein bisschen weniger.

Sie können mit Schriftarten experimentieren, aber bitte innerhalb einer E-Mail natürlich bei einer Schriftart bleiben, können Schriftfarben, Hintergründe, Einzüge ändern, was immer Sie wollen. So lange Sie und die Firma bei gmx und / oder web.de sind, kann gar nichts schief gehen. Hat aber die Firma dann aber statt dessen eine E-Mail-Adresse bei g-mail, Yahoo oder sonst wo, sind alle Ihre bei gmx oder web.de gemachten Formatierungen null und nichtig. Anders herum natürlich auch, wenn sie zum Beispiel von einem g-mail-postfach an gmx oder yahoo so schreiben. In beiden Fällen kommt dann nur noch der reine Text beim Empfänger an und möglicher Weise werden sogar Umlaute oder das „ß" nicht erkannt.

Am geläufigsten ist sicher die schriftliche Bewerbung. Dabei gilt: nicht der Inhalt zählt, sondern ein Gefühl. Auf die einzelnen Punkte, was man da alles mit hinein packen kann, komme ich in den nächsten Kapiteln.

Fakt ist: Alles was auffällt, ist erlaubt!
Wenn man ihnen in ihrem letzten Coaching gesagt hat, gerade ist die
amerikanische Art up to date, dann ist das Quatsch. Das sind Erscheinungen, die
sich schneller, als die Damenmode in Paris ändern. Wer zeitlos ist, fällt aus dem
Rahmen, oder wer schillert, wie ein Paradiesvogel.
Am Prenzlauer Berg kann man tragen, was man will. Verrücktheiten fallen
einfach nicht mehr auf, dafür aber das eigentlich unauffällige „kleine
Schwarze", die zeitlosen Markenjeans oder aber der Regenbogenfarbige, knalle
bunte Dress. So ist es auch mit Ihrer schriftlichen Bewerbung!
Sie müssen heraus fallen aus dem Einheitsbrei. Das birgt die Gefahr, dass Sie
dem, der Ihre Bewerbung als erstes in die Hände fällt, dem Mitarbeiter aus der
Poststelle oder dem Sachbearbeiter, der die Vorauswahl aus den hunderten
Bewerbungen trifft, unter Umständen auch mal unbeabsichtigt auf die Füße
treten, aber Sie sind erstmal aufgefallen!

Eine normale Bewerbungsmappe kann jeder! Binden Sie Ihre schriftlichen
Unterlagen selbst! Nehmen Sie ruhig eine Kordel, die sich gut anfühlt.
Überhaupt ist dieses „sich gut anfühlen" erstmal wichtig. Statt kalter
Klarsichtfolie nehmen Sie fürs Deckblatt farbiges, dickes Samtpapier. Wenn Sie
Sich gut verkaufen wollen, müssen Sie erstmal ein gutes Gefühl verkaufen.
Ich habe bei meinen Jahrelangen Stadtführungen gemerkt: es ist egal, was ich
sage, es ist dagegen nicht egal, wie ich es sage … und so lange ich den
Teilnehmern ein gutes Gefühl gebe, so lange ist die Führung gut. Und genau das
machen Sie mit Ihrer schriftlichen Bewerbung. Der Inhalt ist erstmal egal! Es
muss sich gut anfühlen und im Idealfalle auch gut riechen! Ja, nutzen Sie einen
Hauch Parfüm! Leichten Moschus, wenn die Ansprechperson in der Firma
weiblich ist und wenn die Post an einen Herren geht, nehmen sie leichten Tabak.
Schreiben Sie als Mann an eine Dame, Rosenduft. Wenn Sie nicht wissen, wer
das am Ende in der Hand hält, eine Prise frische Wiese oder Holz. Ich hab
irgendwann mal diese Ikea-Kataloge aus meinem Briefkasten nur deshalb
gelesen und in der Hand gehabt, weil die lecker nach frisch geschnittenem Holz
rochen.
Und dann machen Sie es, als wollten Sie im Preisausschreiben gewinnen!
Nehmen Sie eine Wellenschere, um Papierränder zu beschneiden. Statt kalter
Folie legen Sie zwischen die einzelnen Seiten ihrer Bewerbung hauchdünnes
Seidenpapier, das sich zwischen den Fingern gut anfühlt.

Die Königsdisziplin bei der schriftlichen Bewerbung ist das eigene,,
persönliche, handschriftliche Anschreiben, das gern auf handgeschöpftem
Büttenpapier gemacht werden darf. Das fühlt sich nicht nur zwischen den
Fingern gut an, nein da merkt der potenzielle Arbeitgeber gleich auch, dass Sie
es ernst meinen mit Ihrem Schreiben.

Wenn Sie so einen Aufwand betreiben, rate ich dennoch zur Vorsicht! Legen Sie dann unbedingt einen ausreichend frankierten Rückumschlag mit bei, sonst sehen Sie Ihre Unterlagen garantiert nicht mehr wieder.

### I.III.I. das Anschreiben

Wo Sie das Datum hinschreiben, ob rechts oben oder links unten, ob im deutschen oder im anglikanischen Format, bleibt Ihnen überlassen. Sie müssen es dann nur konsequent durch alle Ihre Unterlagen an dieser Stelle auch so weiter durchziehen und nicht von Seite zu Seite wechseln. Das Fällt dann zwar auf, aber eher unangenehm.
In die Betreffzeile, die ja bei der E-Mail vorgegeben ist, schreiben Sie, um was es sich handelt. Das ist bei der E-Mail um so wichtiger, als dass der Empfänger nicht glauben soll, Sie wollen ihm einen Staubsauger oder eine Lebensversicherung verkaufen. Wollen Sie den Job, aus möglicherweise verständlichen Gründen, nicht, so schreiben Sie in die Betreffzeile nur diese komische Referenznummer im IBAN-Style, die Sie auf dem vom Amt aufgebrummten Stellenangebot finden. Na wenn das dann nicht schon allein abschreckend genug wirkt, … .

Wenn Sie den Job dagegen unbedingt wollen, müssen Sie ein paar Tage für die Recherchearbeit aufwenden. Im Idealfalle fahren Sie zu der Bude hin und schauen Sie Sich die mal an. Alle Dinge haben zwei Seiten, die es zu bedenken gibt. In Großraumbüros herrscht nicht nur schlechte Luft, sondern meist auch eine schlechte Arbeitsatmosphäre. Andererseits können Sie sicher sein, in der Einarbeitungszeit nicht all zu genau vom neuen Chef beobachtet zu werden, weil der ja überall seine Augen haben muss. Ein Büro in der Friedrichstraße oder am Ku'damm wirkt zwar sicher repräsentativ, auf mich hingegen eher abschreckend, denn zum einen stellt sich die Frage, ob dem Chef die Lage und damit die Miete nicht wichtiger ist, als das Gehalt und das Wohlergehen seiner Angestellten, außerdem ist hier vermutlich eher weniger mit pflegeleichterer, weil nicht ganz so betuchter Kundschaft zu rechnen. Bei einem Kellergelass in einem Hinterhof in Neukölln ist dagegen zu vermuten, dass die Einnahmen der Firma zu einem großen Teil in den Drogenkonsum des Firmeninhabers fließen.

Dann schauen Sie Sich die Firma im Internet an. Hat die überhaupt keine Webpräsenz, können Sie davon ausgehen, dass Sie bereits Ihr erstes Gehalt bestimmt nicht kriegen. Sind viele englische Fachausdrücke auf der Firmenseite zu lesen, weiß man in der Bude wahrscheinlich selber nicht, was man da so macht. Was ist zum Beispiel ein „Crew-Account-Manager", ein „Supervising Processor" oder ein „Key-Grippt-Girl"? Ich weiß es nicht.
Vermutlich sind auch einzelne Personen aus dem „teamorientierten Team" namentlich genannt oder sogar mit Bildchen zu sehen. Googeln sie mal deren Namen! Sie werden ganze Wunder erleben!

Stellen Sie bei ihren Recherchen fest: Was macht die Firma? War sie schon mal insolvent? Gibt es auch negative Berichte über die im Internet und wenn ja, wie glaubhaft sind die? Warum reizt es Sie, unbedingt in dieser Bude anfangen zu wollen? Genau diesen einen Satz, warum Sie Sich ausgerechnet diese Firma ausgesucht haben, um denen Ihre Arbeitskraft zu verkaufen, schreiben Sie als ersten.

Schreiben Sie es kurz und knackig! Und schreiben Sie um Himmels Willen keinen Schmus, wie zum Bleistift: „Ich weiß, ihre Firma hat den Bundesaward im Plattnuddeln und im Gemsenstraychen gewonnen.", „ Sie waren unter den Preisträgern des Hüpfkarnevals!", „Ihr Chef hat vor achtundzwanzig Jahren erfolgreich beim Wettangeln in der Panke teilgenommen und mit einem heraus gezogenen Autoreifen den Trostpreis, eine Büchse Ölsardinen, gewonnen. ", „Ihr stellvertretender Unterbuchhalter aus der Abteilung Oberbuchhaltung hat bei der Kirmes am letzten Sonntag auf den Okkerwiesen den ersten Preis geschossen! Er wurde an unserer nördlichen Giebelwand aufgehängt!" Wer denn? Der Preis oder der arme Schütze? Sie sehen, so etwas kann ganz leicht im Wortes sinne „ins Auge gehen". Ehrlich, so'n Quatsch wissen die in der Firma und vor allem der Lesende, alles selber. Es wirkt eher devot, schleimig-unterwürfig. Außerdem, wer liest so viel Geseiere?
Zwei Sätze, möglichst mit interessantem Cliffhanger. „Wenn Sie jetzt mindestens genauso neugierig auf mich sind, wie ich auf sie, dann sehen sie sich erst mal meinen Lebenslauf an!", ist da eher noch altbacken und langweilig.

Haben Sie dagegen eine Zwangsbewerbung vor sich, sparen Sie Sich Ihre kostbare Zeit und unterlassen Sie tunlichst alle Recherchen. Der Satz „Hiermit bewerbe ich mich auf die oben im Betreff genannte und ausgeschriebene Stelle.", dürfte als weitere Abschreckung für diese Firma genügen. Zur Sicherheit setzen Sie noch hinterher: „Über ein Bewerbungsgespräch bei Ihnen würde ich mich freuen. Bitte beachten Sie bei der Terminvergabe, dass ich auf Grund meiner Frei- und/oder Nebenberuflichen Tätigkeit zeitlich recht fest eingebunden bin." Auf die Zauberformal „Freiberuflich" komme ich gleich.

Mich hat trotz all solcher Abstoßungsformulierungen mal eine Zeitarbeitsbude, bei der ich mich bewerben musste, zuerst an Heiligabend gegen dreizehn Uhr versucht zu erreichen, dann am Silvestertag gegen zehn Uhr morgens. Dummer weise bin ich da dann versehentlich ans Telefon gegangen. Das Telefongespräch lief dann in etwa so ab:
Firma: „Ja eigentlich könnten sie ja schon in einer halben Stunde zu einem Vorstellungsgespräch bei uns erscheinen."
Ich: „Junge Frau, sie sitzen in Steglitz und ich komme vom Prenzlauer Berg! Ich brauche mindestens 'ne Stunde bis zu ihnen! Außerdem ist heute Silvester! Ich muss noch Schnaps kaufen und 'ne Party vorbereiten!"

Das hätte ja eigentlich genügen sollen … glaubte ich.

Firma: „Mh … naja, dann kommen Sie am 2.Januar morgen gleich um acht!"

Ich: „Wie sie sicher an Hand meines Lebenslaufs gesehen haben, hab ich noch zwei Nebenjobs. Da arbeite ich die nächsten Tage drin. Ich kann frühestens am 12.Januar ab elf Uhr."

Jede andere, jede halbwegs seriöse Firma hätte spätestens da dann abgewunken und sich gesagt, na wenn der schon so viel macht, da stört doch eine weitere Tätigkeit nur. Was soll ich mit einem, der auf -zig Hochzeiten tanzt. Diese Bude hier war dagegen hartnäckig.

Firma: „Na dann machen wir doch den Termin so klar. Sie kommen am 12.Januar zu um elf Uhr mit ihren weiteren Unterlagen zu uns."

Erst in diesem Vorstellungsgespräch konnte ich diesen aufgezwungenen Job abbügeln.

Noch zwei Sätze zum Deckblatt. Wenn Sie kein A-4-Bild in Strapsen von sich haben, lassen Sie es weg. Also, da wir auf ein Bild sowieso verzichten werden, Ihre Daten im Lebenslauf stehen und Ihr Anschreiben nicht mehr, als drei Sätze enthält, wie wir soeben festgestellt haben, wozu dann noch ein Deckblatt?

## I.III.II. Das mit dem Freiberufler

Wenn Sich Sich nicht gerade für den Job als Aufsichtsratsposten bei der Deutschen Bank oder als Werksleiter bei Siemens bewerben und dann sowieso vor hatten, Ihre Freiberuflichkeit sofort an den Nagel zu hängen, sowie Sie diesen Job haben, muss Ihre Freiberuflichkeit der Fairness halber schon in Ihre Bewerbung mit rein! Vielleicht nicht gerade ganz groß ins Anschreiben, aber zumindest in den Lebenslauf.

## I.III.III. Wie die Buden so ticken

Ich hab mich immer gefragt, wie man als Bude so dämlich sein kann, Leute von der Straße zu rekrutieren. Aber im Gegenteil, diese Buden sind nicht dämlich, die sind nur unmenschlich.

Stopp!!!

Ich ziehe hier jetzt nicht über die Arbeitgeber her!

… aber lassen Sie uns die Position wechseln, denn manchmal ist es ja auch ganz schön, wenn man oben liegt.

Wenn Sie Sich selbständig machen, machen Sie erstmal ihre Arbeit ganz alleine.

… Es wäre schön, wenn die sich alleine machen würde …

Toll ist es dann, wenn Sie da jemanden haben, der Ihnen Ihre Buchhaltung macht. Das ist ein Vertrauensposten, denn wenn das jemand macht, dem Sie nicht vertrauen können, kleben Sie bald Tüten in der JVA. Also, wer macht Ihnen die Buchhaltung? Richtig! Eine Person Ihres Vertrauens: die Frau, der

Hausfreund, der Freund der Familie, ihre Tochter, der Gartennachbar oder der Kumpel aus dem Kegelverein. Bis auf die Familie machen es alle anderen nur eine gewisse Zeit lang für lau, ohne Geld, für einen feuchten Händedruck. Aber sowie in Ihre Firma so viel rein kommt, dass sie davon halbwegs überleben können, werden Sie sicher versuchen, dem genannten Personenkreis mal als kleines Dankeschön, etwas Cash, auf die Hand oder als Überweisung aufs Konto, in beiden Fällen gegen Quittung wegen der Steuer, zukommen zu lassen. Und damit haben Sie Ihren ersten Angestellten. Und der hat sich nicht mal bei Ihnen beworben, sondern wurde von Ihnen quasi selber gefunden.

Nun vergrößern Sie Sich. Nehmen wir mal an, Sie sind ein Bäcker oder eine Bäckermeisterin. Mit der einen Person, die Sie nun als Hilfe gut brauchen und vor allem auch noch bezahlen können, müssen Sie die nächsten Monate, wenn nicht gar Jahre, sehr eng zusammenarbeiten. Das ist dann schon wieder eine Vertrauenssache und mindestens genauso eng, wie eine Ehe. Da muss man auch mal streiten können, bis die Fetzen fliegen, aber ansonsten muss halt einfach die Antenne stimmen. Wo suchen Sie Sich diese Person also? Garantiert nicht auf den Portalen des Jobcenters, denn wer weiß, was man da für ein arbeitsscheues Gesindel bekommt, denken Sie an dieser Stelle. Sie selbst waren ja nie so, aber die anderen, die sind es ganz bestimmt!
Aber da war doch im Verein der Bruder von diesem Heinz. Dem hat man ja auch böse mitgespielt. Der hätte doch eine Chance, wie bei Ihnen, sicher verdient. Und wie war das mit Marions großem Neffen? Der hat doch damals wegen seinem Vater die Berufsausbildung abgebrochen. Das wäre doch die Idee, ich bilde 'n Lehrling aus. Aber die Tina, aus der Bäckereikette von der anderen Straßenseite, bei der Sie früher immer ihren Latte Machiato mit den Herzchenstreusseln oben drauf bekommen haben, die hat ja nie krank oder so gemacht. Die könnte man ja auch mal ansprechen.

Merken Sie was?
Ihre freie Stelle ist vergeben worden, ohne dass Sie die Seiten vom Amt genutzt haben.
Und genau so geht das auch weiter!
Wenn Sie Ihre Firma vergrößern, werden Sie erstmal die neuen Stellen, die Sie schaffen, mit Menschen besetzen, die Sie nicht über die Arbeitsagentur bekommen. Bis zum Mittelständler, der alle seine Angestellten zumindest noch vom sehen her kennt, geht das.
Wenn Sie ordentliche Arbeitsbedingungen bieten, dabei ist das Geld sicher erstmal eher weniger entscheidend, wird sich auch sicher die Fluktuation in Ihrer Firma in sehr engen Grenzen halten.
Keine Angst vor einem Betriebsrat! So einer verbessert nur das Arbeitsklima noch mehr, wodurch die Fluktuation weiter sinkt.
Und wenn es sich erstmal herum gesprochen hat, dass Sie nicht nur gute Produkte, sondern auch noch ein hervorragendes Betriebsklima bieten, können

Sie auch bei weiterer Expansion auf Leute vom Amt verzichten, weil Ihnen potenzielle Arbeitnehmer schon von sich aus mit Blindbewerbungen Ihre Bude einrennen.
Götz Werner, Inhaber der DM-Drogeriemärkte, ist dadurch reich geworden, dass er seine Angestellten ordentlich behandelt.

Ämter, Behörden, staatliche Einrichtungen müssen nun mal über die Agentur für Arbeit ihre neu zu besetzenden Stellen öffentlich ausschreiben. Dabei gilt jedoch, dass noch vor dieser Ausschreibung erst einmal intern versucht wird, die Leute umzubesetzen. Und bis diese neue Stelle dann wirklich ausgeschrieben ist, ist sie in der Realität dann bereits besetzt.

Daraus folgt: Firmen, die ihre offenen Stellen bei der Bundesagentur für Arbeit veröffentlichen, würde ich immer und in jedem Falle versuchen zu meiden. Entweder stimmt das Betriebsklima überhaupt nicht, und das ist meistens der Fall, oder die Firma möchte Sie eigentlich gar nicht bezahlen und lebt von den vielen Probearbeitstagen argloser Jobsuchender, oder irgendetwas anderes stimmt nicht bei der Bude!
Manchmal stimmt zwar das Betriebsklima, aber der Job nicht. Beispiel gefällig? Ausgeschrieben ist ein zwanzig-Stunden-Job am Computer für 450 € als Minijob. Tatsächlich sind es aber sechzig Stunden pro Woche, die 450 € stimmen dabei schon noch. Das Geld für Ihre restlichen Stunden müssen Sie Sich auf Provisionsbasis erkämpfen, weil an dem Computer noch 'n Telefon hängt und aus dem „lässigen Bürojob" ein knallhartes Call-Center-Geschäft mit sogenanntem Outbound geworden ist.
Das erinnert mich an das Erlebnis von meinem Kumpel Jens. Einem überaus gutmütigen Kerl, dringendst auf der Suche nach Arbeit, dem man das Callcenter mit den Worten „Sie telefonieren doch sicher gern" schmackhaft machte und der schon am zweiten Probearbeitstag seinen Job wieder los wurde, weil er nicht die mindestens fünfzig benötigten Neuabschlüsse der Telefongesellschaft zusammen bekam, sondern nur achtundvierzig.

Und das bringt uns wieder auf die oben beschriebenen Dinge. Eine Firma, die ein gutes Betriebsklima hat, braucht sich nicht erst neue Mitarbeiter öffentlich zu suchen. Die kommen schon von ganz allein.

Und mal ganz ehrlich, wozu braucht man als wirklich Arbeitswilliger noch einen Zwischenhändler für die eigene Arbeitskraft? Ich verkaufe doch meine Haut selber viel besser! Man sieht ja schließlich an den südafrikanischen Diamantminenarbeitern oder an den Kaffeebauern im Hochland von Ecuador, wie schlecht die leben, weil es für deren Produkte zu viele Zwischenhändler gibt. Und da soll man als Mitteleuropäer aus freien Stücken einen Zwischenhändler, sprich eine Zeitarbeitsbude, für meine Arbeitskraft einbauen? Die leben davon, Ihre Haut zu verkaufen! … früher nannte man das

„Sklavenhändler" ...

Nun haben Sie aber von dem „gut geschulten" Fachpersonal der Agentur für Arbeit, oder ihrem sogenannten „Fallmanager" im Jobcenter, so eine angeblich offene Stelle zugewiesen bekommen. Was machen Sie also?
… und Sie wissen, dass das 'n Sklavenhändler mit 'nem scheiß Betriebsklima ist …
Na, dann müssen ja auch Sie ehrlich sein, damit Sie nicht von vornherein das Vertrauen künftigen Arbeitgebers missbrauchen. Wenn Sie indes dieses Vertrauen gleich wieder verlieren, weil Sie Ihrem künftigen Arbeitgeber nicht die Wahrheit über Sich gesagt haben, also weil Sie ihm nicht alles über sich an Informationen haben zukommen lassen, oder weil Sie ihn ganz einfach beinhart belogen haben und der kündigt Sie nach kurzer Zeit wieder, weil die „gegenseitige Vertrauensbasis zutiefst erschüttert ist", darf der Sie in der Probezeit fristlos kündigen und Sie sind daran schuld. Und wenn Sie selbst an dieser Kündigung schuld sind, streicht Ihnen das Amt das Geld.

Ihre ganzen schweren Krankheiten dürfen auf keinen Fall mit in ihre schriftlichen Unterlagen! Jetzt kommen wir nämlich zur Zwickmühle, der das Amt Sie aussetzt!
Sie haben „alles zu tun … um Ihre Hilfebedürftigkeit" gegenüber dem Amt soweit wie möglich zu vermindern.
Punkt.
Wenn Sie aber Ihren künftigen Arbeitgeber nicht ausreichend über sich informieren oder gar bewusst belügen, siehe oben, sind Sie selbst an der dann folgenden Entlassung schuld.

Tipp von mir!
Von Ihren ganzen Krankheiten dürfen Sie nichts in Ihre Bewerbungen hinein schreiben, sonst dreht Ihnen das Amt den Geldhahn zu. Sie sind aber zur freiwilligen Selbstauskunft darüber in einem Vorstellungsgespräch verpflichtet. Der Arbeitgeber, auch wenn es nur ein Callcenter ist, muss es schließlich wissen, wenn sie durchschnittlich einmal pro Woche vormittags irgendwelche Arzttermine haben, denn dann sind Sie für ihn nicht voll einsetzbar!
Schwangerschaft ist dagegen keine Krankheit!

Und Ihre Freiberuflichkeit gehört zwar nicht in Ihr Anschreiben, aber in Ihren Lebenslauf! Denn, hey, Sie waren die letzten Jahre schließlich nicht Arbeitslos, … ähm … Arbeit suchend, … nein, Sie haben schließlich schon von Sich aus Arbeit gefunden, die Sie sogar selber machen! Stelle ich als Firma jemanden ein, der „nebenbei" auch noch freiberuflich arbeitet, muss ich damit rechnen, dass dieser mehr Zeit und Energie in seine eigene Freiberuflichkeit steckt und nicht in meine Bude. Diese Freiberuflichkeit darf Ihnen das Amt in keinem Falle verbieten, denn das ist das, was Sie noch an Arbeit haben, wenn Sie von der Bude, bei der Sie Sich bewerben mussten, längst schon wieder entlassen wurden.

Sie merken, ich rede hier von Buden! Arbeitgeber mit einem ordentlichen Betriebsklima nenne ich Firmen. Und die suchen ja im allgemeinen keine Arbeitskräfte.
Nun kann es sicher sein, dass Sie auch als Freiberufler mal eine Firma finden, bei der Sie gern noch nebenbei arbeiten möchten. So eine Firma ist ja dann auch um ihre Mitarbeiter bemüht und wird für Ihre Freiberuflichkeit sicherlich ein Arrangement finden.

Kommen wir nun aber zum

## I.IV. Der Lebenslauf

Ob Sie Ihren Lebenslauf mit Ihrer Geburt oder mit Ihrer letzten Tätigkeit beginnen, überlasse ich Ihnen. Was auffällt, geht! Aber die Daten müssen klar erkennbar sein. Schreiben Sie deshalb keine Prosa, sondern machen sie es tabellarisch. Wie gesagt, ob Sie den Lebenslauf vorwärts oder rückwärts beginnen, das können Sie so halten, wie die Dachdecker. Die Frage, die sich gerade bei Menschen stellt, die beruflich schon sehr, sehr viel durchgemacht haben, ist, wie lang sollte denn der Lebenslauf sein? Maximal zwei Seiten! Mehr liest niemand. Es sei denn, Sie wollen den Job nicht! Rechnen Sie pro Berufsjahr mit nicht mehr, als einer Zeile. Personalchefs bei großen Firmen schauen immer sehr genau auf mögliche Fehlzeiten zwischen Ihren verschiedenen Jobs. Leider geht man ja davon aus, Ihre Arbeitslosigkeit sei eine Schande für Sie, Ihre Familie, Ihre Nachbarn, Ihre Freunde und entfernten Verwandten, für Ihre Straße, Ihre Gemeinde … … … Und es wird an eben jener Stelle davon aus gegangen, dass Sie, Sie allein grundsätzlich an Ihrer eigenen Entlassung schuld sind. In 99,9 Prozent aller Fälle ist das ja nun aber überhaupt nicht der Fall! Die erste Bude, in der Sie gearbeitet haben, war insolvent, in der zweiten sind Sie wegen betrieblicher Umstrukturierungen betriebsbedingt gekündigt worden, in der dritten Bude hat man Sie, so wie es dort immer üblich ist, einen Tag vor Ende Ihrer Probezeit entlassen … … … Bitte warum schämen Sie Sich für Ihre Arbeitslosigkeit? Da aber das Wort „Arbeitslosigkeit" für Personalchefs genau so einen Klang wie „Rumpelkabolzheinrichporzellanstiefelchenpilz" hat, verstehen die das nicht. Also schönen wir mal Ihren Lebenslauf etwas und schreiben ganze Jahre. Damit kann man unter Umständen bis zu elf Monate Arbeitslosigkeit wie das angebrannte Steak mit einer fetten Soße übertünchen. Waren Sie länger von der sogenannten „Grundsicherung" abhängig, so wünschen die Sachbearbeiter auf dem Amt, dass Sie in Ihrem Lebenslauf ja nichts von „Arbeitslosigkeit", sondern dass Sie was von „Arbeit suchend", „berufliche Neuorientierung" oder „Konzentration auf ehrenamtliche Tätigkeit" schreiben.

Purer Humbug, aber die Regeln sind nun mal so.
Den letzten und aktuellsten drei Daten in Ihrem Lebenslauf geben Sie bitte zwei Zeilen.

## I.V. Das Passbild

Es ist wohl nur in Deutschland so üblich, ein Bild von sich mitzuschicken. Nirgendwoanders! Ich erkläre Ihnen auch gleich, warum. Das „Passbild" kann gern von direkt von vorn oder halb schräg gemacht werden. Vorschriften gibt es dafür bisher, besser ist's, nicht. Es geht nur die Büste, es geht die im Fernsehen so genannte „amerikanische" oder „Halbtotale" und es geht auch die Volltotale. Die letzten Fotostudios leben von diesen Bewerbungsbildern. Da will ich denen mal nicht ihren Unterhalt ganz vergraulen. Es geht Passbildgroß-, es geht Halb- und Postkartengroß. Eine Zeit lang hat man, um eine größere Seriosität vorzugaukeln, auch mal nur Schwarz-Weiß-Bilder gemacht, auf denen dann Warzen und Pickel im Gesicht besonders schöne Konturen hatten. Das irre Lächeln im Gesicht, das man bei solch gestellten, gestelzten Aufnahmen aber hat, kann man nicht mal damit retuschieren. Ob dann matt oder glänzend, überlasse ich auch Ihnen. Man kann das Bild ins Anschreiben setzen, wenn der Lebenslauf zu lang ist. Man kann das Bild auf den Lebenslauf kleistern, aber die sicherste Methode, um Ihr Bild für die nächste Bewerbung zu retten, wenn sie nicht durch meine gleich folgenden Ausführen davon abgehalten werden, künftig überhaupt noch bunte Bildchen von sich zu verschicken, ist, matt, halb Postkartengroß und mit einer Büroklammer lose an den Lebenslauf geheftet. Vergessen Sie dann aber nicht, Ihren Namen hinten drauf zu schreiben.

Das mit den Bildern ist so eine Sache. Nehmen wir mal an, Sie sind eine reife, naturblondierte Frau, die ihre Haare etwas, sichtbar, aufgehellt hat, mit hübschen, blauen Augen, die sich im „kleinen Schwarzen" für einen Bürojob bei einer Firma bewirbt.

Der erste, der Ihre Unterlagen in die Hände bekommt, steht auf Frauen wie Sie, … eigentlich. Das Problem, neben seiner nicht blonden Frau hat er noch ein Verhältnis mit einer Frau Ihren Typs und die macht derzeit Ärger, weil sie will, dass er sich von seiner Angetrauten scheiden lässt. Da haben Sie mit Ihrem Bild schon verloren!

Der nächste, der Ihre Unterlagen bekommt, ist mit einer Frau Ihren Typs sogar verheiratet. Entweder steht der gar nicht auf Ihren Typ oder seine Frau hatte letzte Nacht Migräne oder er ist gestern Abend von seinen Kegelbrüdern sturzbetrunken heim gekommen und musste deshalb auf der Couch im Wohnzimmer schlafen. Sie haben in allen Fällen mit diesem Bild keine Chance auf diesen Job!

Weitere Gründe, weshalb Ihre hervorragende Bewerbung mit Ihrem Bild nicht weiter kommt, könnten dann noch sein, der Personalchef hasst nachgeblondete Haare oder mag „kleine Schwarze" nicht oder er ist Schwul und würde ja viel lieber einen Mann einstellen oder Ihr Bild erinnert ihn an seine Schwiegermutter und die ist ja nun sowas von ein Drachen oder Ihr sinnfreies Grinsen auf dem Bild stört nur in diesem Moment den Gesamteindruck oder der Personalchef steht auf rassige Frauen mit einem dunkleren Teint oder er hasst wellige Haare oder lackierte oder unlackierte Fingernägel oder runde Ohrringe, oder … oder … oder …

Und da wundern Sie Sich, warum Sie dauernd Ablehnungen auf Ihre Bewerbungen bekommen?

Bin ja auch mal als Schöffe am Gericht tätig gewesen und da hatten wir einen Fall, bei dem wir rein nach Aktenlage den Angeklagten zu mehreren Jahren Zuchthaus hätten verdonnern müssen. Sein, sehr guter, Anwalt bestand aber darauf, dass wir seinen Mandanten wenigstens mal im Gerichtssaal sehen. Das war eine sehr, sehr gute Idee, denn nur weil wir diesen armen Menschen persönlich in Augenschein nehmen konnten, war abzuschätzen, dass der in keinem Falle verknackt werden darf, sondern dass der arme Mann eindeutig Hilfe von Fachärzten brauchte.

Genauso ist es mit dem Bild in Ihren Bewerbungsunterlagen. Da wird innerhalb einer Zehntel Sekunde über Ihr weiteres Berufsleben auf Grund eines gestelzten Bildes entschieden, ohne dass man sich mit Ihnen näher befasst hätte.
Wie ungerecht!

Ich meine, ich hab zwar auch immer das geforderte Bild mitgeschickt, aber nur, weil man es immer so gemacht hat, muss es noch längst nicht gut sein.
Lassen Sie Ihr Bild in Ihrer nächsten Bewerbung doch einfach mal weg und warten Sie die weiteren Reaktionen ab.

I.VI. Die sogenannte „dritte Seite"

War mal eine ganze Zeit lang in Mode und dann auch wieder nicht. Ich finde diese „dritte Seite" gerade bei einem auf Grund seiner Länge arg eingedampften Lebenslauf ganz sinnig. So gewissermaßen unter der Überschrift „Was man sonst noch über mich wissen sollte …", kann man entweder Prosa, wenn es mehr ist, besser in Stichpunkten, aufschreiben, was man noch so alles kann. Vielleicht ist es in einem reinen Buchhalterjob zwar nicht unbedingt notwendig, wenn Sie die einen Befähigungsnachweis dafür haben, die internationale Raumstation ISS im Notfall auch allein steuern zu können, aber man weiß ja nie, was in einer Firma so insgesamt abgeht. Vielleicht wird Ihr künftiger Chef

mal von seinem Stellvertreter zum Mond geschossen und das ist dann genau Ihre Chance! Oder Sie können einwandfrei mit einer Videobearbeitungssoftware umgehen, worauf Ihr künftiger Chef, zwecks „Beweisführung" in seiner nächsten Erpressung mal zurück greifen kann. Haben Sie einen Führerschein? Prima! Auch der muss da mit aufgeführt werden. Unter Umständen muss ja ihre neue Firma mal gewissermaßen „bei Nacht und Nebel" urplötzlich den Firmensitz verlagern und nicht bei allen Buden reicht da der Abtransport des Briefkastens aus. Da könnten Sie Sich doch gleich als Umzugshilfe bewähren. Auch Ihre ganzen ehrenamtlichen Tätigkeiten können sie auf der „dritten Seite" mal ausführen, ohne vom Amt gleich eins übergebretzelt zu bekommen, weil Ihre Ehrenämter laut diesem ja nichts im Lebenslauf zu suchen haben, Sie es aber schon für sehr wichtig erachten, dass Ihre neue Firma, die Waschmittel herstellt, weiß dass Sie in Ihrer Freizeit Schlammcatchen veranstalten. Vielleicht machen Sie ja auch Radio bei einem der vielen Internetsender oder, noch besser, bei einem der wenigen Freien Radios und Ihr künftiger Chef soll einfach mal wissen, dass Sie am Mikrophon eine echte Labertasche sind.
Wichtig ist diese „dritte Seite" also in jedem Falle, wenngleich die erst hinter den Lebenslauf kommt.

### I.VII. Was muss noch mit reingeschrieben werden und was darf es auf keinen Fall?

Obwohl jeder, der es schon erlebt hat, schwere Krankheiten, eine Schwangerschaft oder einen Pflegefall in der Familie als durchaus einschneidende Ereignisse in seinem Leben empfindet, möchte das Amt, dass so etwas nicht im Lebenslauf steht. Wir kommen deshalb an dieser Stelle beim Thema Vorstellungsgespräch darauf zurück.
Den Grundwehrdienst in der Bundeswehr kann man, auf Grund seiner Kürze, gern weglassen. Den Ersatzdienst leider nicht. Den Grundwehrdienst in der Nationalen Volksarmee wegen seiner Länge leider auch nicht.
In welch politischen Parteien, Gewerkschaften, Organisationen, Bürgerinitiativen, Glaubenskonfessionen oder Vereinen Sie tätig sind, hat den Arbeitgeber erstmal auch nicht zu interessieren. Ausnahme: natürlich darf aber ein christlicher Arbeitgeber davon ausgehen, dass Sie einer Konfession angehören. Oder wenn Sie Sich in einem Büro eines Abgeordneten oder einer Partei um einen Job bewerben, ist es sicherlich nicht gerade hinderlich, auch in dieser Partei zu sein. Ein muss ist es hingegen nicht und kann, braucht aber nicht, in diesem Falle mit in den Lebenslauf.
Oder wenn Sie Sich bei einer Geldtransportfirma bewerben, sollten Sie dort schon mal Ihre Schufa -auskunft und ein aktuelles Führungszeugnis mit dazu geben, falls beides nicht schon als Bedingung im Stellenangebot aufgeführt war. Wenn Sie es nicht vorher besorgen, spätestens die Bude macht es dann.

Für alle Ihre eigenständig erstellten Schriftstücke gilt indes: lassen Sie alle Ihre

Unterlagen einmal durch eine neutrale oder eine Person Ihres Vertrauens auf Orthografie hin Korrektur lesen. Automatische Rechtschreibprogramme auf Rechnern sehen zwar vieles, aber nie alles!

### I.VIII.    Schul- und Arbeitszeugnisse

Mir wird wohl immer der Sinn für die Notwendigkeit eines dreißig Jahre altes Schulzeugnisses fehlen. Menschen ändern sich, Einstellungen ändern sich, Gesellschaften ändern sich … Ihr Schulzeugnis bleibt. … fast wie Ihre Frisur mit Taft-Haarspray …
Viele Firmen verlangen es auch schon nicht mehr. Also lassen Sie es weg. Das spart unter Umständen sogar Porto.
Arbeitszeugnisse, die älter als zehn Jahre alt sind, lassen Sie bitte auch weg, es sei denn, es ist Ihr Letztes. Und schon da hat sich dann die Bewerbung für Sie als Langzeitarbeitslosen, erledigt. Nun grinsen Sie mal bitte nicht so! Ich weiß doch, dass Sie immer was zu tun haben, nur die meisten Tätigkeiten leider nicht bezahlt und somit auch nicht mit einem Arbeitszeugnis versehen werden.
Arbeit ist schließlich relativ. Für Firmen zählt nur Ihre Erwerbsarbeit. Aber ich sagte es ja hier schon einmal, dass die Jobs, die wirklich funktionieren die sind, auf die Sie Sich nicht auf traditionellem Wege beworben haben. Also alles ist gut!

### II.I.  Wo und wie suche ich meine Stelle?

Damit ist jetzt eher nicht räumlich gemeint. Ja, Sie müssen flexibel sein, was den Arbeitsort betrifft, gerade als unverheirateter Single-Mann. Aber haben Sie schon einmal überlegt, was das bedeutet? Wenn Sie jetzt sagen: „Ja, mehr Geld!", würde ich Ihnen jetzt raten, meinen kleinen Ratgeber beiseite zu legen. Wenn Sie aber sagen: „Ja, überleben!", dann lesen Sie ruhig weiter. Manchmal spült einen das Leben durch die Gegend und man strandet unverhofft an einer Stelle, an der man es nie wollte. Dann versuchen Sie natürlich entweder wieder zurück zu kehren oder Sie arrangieren Sich mit der Situation, mit der Stadt, mit der Gegend.
Beispiel Berlin. Entweder man liebt sie oder man hasst diese Stadt. Berlin polarisiert sehr. Es gibt sehr viele Menschen, die in Berlin tatsächlich geboren sind und die die Stadt trotzdem hassen. Die sollten sie irgendwann einmal ruhig verlassen. Vielleicht in den Speckgürtel ziehen oder auf ein Gut in der Uckermark oder wie meine Jugendliebe Marina nach Bayern in die Berge, andere brauchen die Ostsee zum überleben. Gehen Sie Ihrer Neigung nach. Wieder andere stranden wegen der Liebe in Berlin und merken dann, wenn die Liebe und der oder die Liebste wieder entflogen sind, wie unwohl sie sich eigentlich in dieser Stadt fühlen. Gehen Sie Ihrer Neigung nach. Innerhalb der letzten fünfzehn Jahre hat sich die Bevölkerung allein am Prenzlauer Berg einmal zu neunzig Prozent ausgetauscht. Wir verbliebenen Natives kommen uns

mittlerweile vor, wie die letzten der Mohikaner, vom Aussterben bedroht, aber noch immer existent.

Wieder andere wandern aus in ein anderes Land. Zum Beispiel nach Norwegen, in die Schweiz, nach Syrien oder nach Monaco. Tun Sie es!

Um dort Arbeit zu finden, können Sie durchaus das Amt nach Stellen fragen oder gehen Sie direkt in die Botschaften (in Berlin kein Ding, ja). Da hilft man Ihnen garantiert weiter.

Aber wo finden Sie denn nun tatsächlich an Ihrem derzeitigen Wohnort neue Arbeit?

Wie ich obenhin schon erklärt habe, halte ich von Stellenangeboten auf der Seite der Arbeitsagentur / Jobcenter überhaupt nichts. Genauso geht es mir mit den Stellenanzeigen in Zeitungen. Ja sicherlich ist darunter auch die eine oder andere ehrliche, aber die sind so selten, wie die tatsächlich existierenden Gold-Nuggets in der Elbe, es gibt sie, aber man muss die erstmal finden. Und wenn ich das Gejammer vom angeblichen Fachkräftemangel in Deutschland höre, wird mir genauso übel, wie nach dem verzehr von stinkendem Fisch. Wenn ich als Bude einem Ingenieur maximal tausend Euro netto zahlen will, werde ich den wohl kaum in Deutschland finden.

Die Stellenanzeigen in Zeitungen sind ähnlich den Kontaktanzeigen: die meisten kommen von kommerziellen Dienstleistern und nur vereinzelte sind noch von den Firmen / von echten Menschen direkt. ... und es werden immer weniger ...

Ist das selbe, wie auf den entsprechenden Internetportalen.

Wenn Sie eine Stelle suchen, werden Sie selbst aktiv. Hier wieder der Hinweis: schalten Sie besser keine Anzeige in Zeitungen oder auf Internetportalen, da ist es genauso wie bei den Single-Börsen und sparen Sie Sich das Geld.

Ich hab das mal selber gemacht. Seitdem ich auf den Seiten des Amtes mit meinem Profil zu finden bin, bekomme ich noch mehr Spam in mein E-Mail-Postfach, bekomme ich Angebote für Esoterische Abendkurse oder für Ernährungsberatung zum super Vorzugspreis von nur vierhundertfünfzig Euro für einen Wochenendschnupperkurs in Winsen an der Luhe oder im Holyday Inn am S-Bahnhof Spindlersfeld (Wo bitte ist Spindlersfeld?) oder Angebote zur Teilnahme an Gewinnspielen, Jahresabos für die teuersten Fernsehzeitungen (was nützt einem die beste Fernsehzeitung, wenn das Programm selbst scheiße ist?) oder Gutscheine für das nächst gelegene Fitnessstudio.

Wie also finde ich eine Stelle?

Sie kennen doch sicher genug Leute. Zuppeln Sie ein wenig an Ihrem sozialen Netzwerk. Da können mitunter sogar angebliche Freunde bei Facebook ganz real helfen. Das funktioniert am besten! Die eigenen Kontakte!

Eine andere Möglichkeit wäre, sie schnappen Sich ihren Lebenslauf samt Zeugnis und „dritter Seite" und laufen mal die Straßen in Ihrer Umgebung ab. Berlin ist ja in den einzelnen Kiezen wie ein Dorf. Man kennt sich vom sehen. Sowohl in Vorderhäusern als auch auf Hinterhöfen findet man viele kleine Firmen, die vielleicht jemanden für erstmal ein paar Stunden brauchen. Gehen Sie da rein, wo Sie ein gutes Gefühl haben und sprechen Sie dort einfach mal vor.

Sicherlich erfordert das etwas Mut, aber was haben Sie zu verlieren? Vermutlich werden Sie auch ein paar Anläufe dafür brauchen und einige Wochen lang nichts finden, aber diese Methode ist sicherer, um nicht zu sagen, Tod sicherer, als die Zeitungsanzeige oder das Internetportal.

Ein wenig anonymer ist Ihr kleiner Flyer. Da reicht erstmal A6 – also so groß, wie ein Vokabelheft – halt 'n Viertel von 'ner A4-Seite – beidseitig Bedruckt mit den Infos, was Sie sind, was Sie für Arbeit suchen und wie man Sie kontaktieren kann. Und bitte ohne Bild von Ihnen. Diese Handzettel können Sie zum einen gezielt in Firmenbriefkästen stecken oder aber bei ihren spontanen, persönlichen Vorsprachen mitnehmen, falls da mal in einer Firma kein Chef da ist oder der es sich einfach nochmal überlegen will. Wobei bei letzterer Methode reichen auch Visitenkarten.

Aber Vorsicht! Investieren Sie da ruhig ein paar Euro mehr und machen Sie die nicht selber. Man sieht, ob ein Grafikdesigner die gemacht hat, oder ob das welche sind, die Sie im Internet bestellt haben. Man sieht, ob diese Karten ordentlich geschnitten und aus gutem Karton sind, oder ob Sie die zu Hause mit Ihrer Nagelschere bearbeitet haben. Was muss drauf stehen? Ihr Name und wie man Sie kontaktieren kann.

Und dann gibt's da noch die ganzen großen Firmen in Ihrer Stadt. Dort können Sie auch gern Ihre Unterlagen in der Personalabteilung persönlich abgeben, sofern das möglich ist. Hier empfehle ich Ihnen aber eher die schriftliche Initiativbewerbung mit allem drum und dran. Bewerben Sie Sich dabei aber nicht auf eine konkrete Stelle, sondern bleiben Sie da leicht nebulös, denn vielleicht hat man zwar keine Stelle in der Einkaufsabteilung für Sie, auf die Sie Sich eingeschossen haben, aber wie wäre es mit einem Job in der Verkaufsbilanzierung?

Und um Ihnen da jetzt mal im Denken ein wenig auf die Sprünge zu helfen, was es da so für große Firmen geben könnte, hier mal ein paar Beispiele. Von der Deutschen Bahn hört und sieht man auf Grund vieler Streiks ja immer nicht allzu viel, sie ist aber nach wie vor, nach der Verwaltung in Kommunen und Bund, der größte Arbeitgeber in Deutschland. Auch andere städtische Betriebe wie zum Beispiel die Müllabfuhr, Nahverkehrsunternehmen außer der Bahn, Stadtwerke, Schulen oder Ordnungsämter stellen immer wieder mal ein

und zahlen vor allem meist nach Tarif!
Tja und dann gibt's die großen Konzerne wie Bayer, Siemens, Einzelhandelsketten oder Automobilfirmen.

### II.II. Was suche ich für Arbeit?

Heute wird ja sehr darauf gedrängt, dass die Leute in Pflegeberufe gehen. Also wenn Sie hin und wieder mal Ihre kränkelnde Tochter oder Ihren mit einer normalen Erkältung hilflos und daran fast sterbenden Mann pflegen, sind Sie noch längst nicht für so einen Beruf geeignet. Sie müssen dafür emotional sehr gefestigt und ziemlich hart gesotten sein. Das kann nicht jeder! Und nicht jeder kann andere Menschen, rein körperlich, so nah an sich heran lassen.
Dass in den Pflegeberufen so eine hohe Fluktuation herrscht, liegt zum einen an den mehr als beschissenen Arbeitsbedingungen, als auch an der saumiesen Bezahlung der Leute. Würde man daran etwas ändern, ginge es auch den Pflegediensten besser.

Meinen guten Kumpel Jens schickte das Amt mit den Worten: „Sie telefonieren doch sicher gerne. Das macht doch jeder." in ein Call-Center. Auch dafür muss man aus einem ganz besonderen Holz sein, anderen Menschen Dinge anzudrehen, die die gar nicht haben wollen.

Oder wie bei der Untersuchung zur Wehrtauglichkeit der angehende Soldat gefragt wird: „Können sie rechnen? „"Jawohl!" Was ist drei mal sieben?" „Ganz feiner Sand!" „Gut, dann werden sie Bausoldat."

Werden Sie Sich über Ihre Stärken klar!
Können sie mit dem Ziffernblock auf der PC-Tastatur halb blind umgehen, können Sie sowohl in der Buchhaltung, als auch im Supermarkt an der Kasse arbeiten. Sind Sie ein emphatischer Mensch, können Sie sowohl in der Kundenberatung, als auch im An- und Verkauf tätig sein. Sind Sie eher pedantisch, dann wäre Buchhaltung oder Archiv etwas. Können Sie handwerklich etwas, machen Sie das!

Wichtig ist aber, dass Sie einen Job ausüben, der Ihnen Freude macht. Nennen Sie so etwas ruhig „Berufung".
Ich hab zum Beispiel für meinen Teil festgestellt, dass ich ziemlich ungenau arbeite, geschichtlich interessiert bin, mir die deutsche Sprache liegt und ich auf keinen Fall in Hierarchien arbeiten kann, weil ich darin immer anecke. Liegt es also auf der Hand, freiberuflicher Stadtführer zu werden. Damit könnte ich aber auch die Küche in einem Restaurant schmeißen. Kochen und Würzen „nach Nase", ausprobieren alter Gerichte, deren Beschreibung auf Speisekarten und der eigene Boss.

Fragen Sie sehr, sehr gute Freunde, welche Stärken und auch welche Schwächen man bei Ihnen sieht, denn man selbst ist mit dem eigenen Blick oft zu vernagelt.

Probieren Sie Sich aus und machen Sie, was Ihnen Spaß macht und vor allem, wie Sie es für richtig halten, denn nur dann wird aus Ihrem Beruf eine Berufung!

### III.I.Das spontane in die Firma schneien

Das erfordert Mut!
Sie sollten dabei Ihren ausgedruckten Lebenslauf in einer dieser schön-hässlichen Bewerbungsklemmmappen dabei haben.

… mein Gott, was für ein Wortungetüm „Klemmmappen" … gleich drei „m"
…
… Sie wissen sicher, es gibt vier Arten der deutschen Rechtschreibung: die alte, die neue, Ihre und meine …

Dazu auch noch Ihre „dritte Seite" beifügen.
Wenn Sie sehr spontan in irgend eine Firma hinein gehen, brauchen sie kein Anschreiben. Sind Sie weniger Spontan, dann informieren Sie Sich vorher mal einige Tage eher vor Ort und / oder im Internet, besser beides, welche der Firmen Sie nicht ganz so spontan aufsuchen und machen dann doch ein Anschreiben fertig, das sie mit zu Ihrem Lebenslauf packen und geben das alles dann dort persönlich nur ab.

Sind Sie sehr spontan … so nach dem Motto: „Wat is'n det für 'ne Bude? Sieht ja schnuckelig aus. Ach, jeh ick ma rin." sollten Sie Sich dennoch mal in der Firma kurz umschauen. Es nutzt wenig, wenn Sie im Büro der Chefsekretärin von Bahlsen-Keksen schwärmen, aber die Firma Gillette heißt und Rasierklingen herstellt. In solchem Fall ist es dann aber auch wenig einfallsreich, von Ihrem Onkel Hubert, Tante Else, dem zweiten Mann Ihrer jetzigen Frau und von Ihrem Enkel Paul zu erzählen, die sich nur dank der immer scharfen Gillette-Klingen relativ schmerzfrei und unauffällig selbst ins Jenseits befördern konnte.
Im Falle von Bahlsen-Keksen wäre es dagegen recht taktlos von Ihnen, wenn Sie dann während des Wartens im Vorzimmer erklären: „Ich wusste gar nicht, dass der Schornstein hier auf dem Gelände noch zu ihnen gehört. Der schwarze Qualm von dem stinkt ja regelmäßig nach Krematorium. Verheizen sie hier bei der Herstellung ihrer ollen, zweilagigen Krümelkekse immer Sarotti-Mohren?"

Sowas kann richtig nach hinten los gehen!
Auch Bemerkungen wie zum Beispiel:

„Ich seh' hier nie einen arbeiten, wenn ich vorne vorbei gehe. Sitzt Ihr Boss
etwa noch immer in der strengen Sicherheitsverwahrung in Moabit?"
„Seh'n sie mal, hier ist ein Fussel auf ihrer Auslegware ... und hier ... und
hier ..."
„Von ihrer Bude hab ich ja noch nie etwas gehört. Was machen sie hier
überhaupt, wenn sie was machen?"
„Also ich bin ja eigentlich Flatulenzer und hab immer 'n bisschen mit meiner
Verdauung zu tun. Vor allem, nach der Knoblauchrohwurst, die ich mir so gerne
auf meine Büro-Sandwiches streiche."

Sowohl als Dame, als auch als Herr sollten Sie bei diesen Spontanbesuchen
zwecks Bewerbung nicht zu aufgetakelt daher kommen, aber auch auch nicht in
Ihrem typischen Bewerbungsdress, auf den ich gleich noch kommen werde.
Kommen Sie in Ihrer ganz normalen Straßenalltagskleidung. Als Radfahrer
setzten Sie den Helm bitte ab, tragen ihn dann aber in der Hand gut sichtbar,
damit man glaubt, Sie hätten einen langen Weg hinter sich gebracht, nur um sich
mal eben in dieser Firma spontan zu bewerben. Haben Sie Kinder? Mit Kindern
unterhalb des schulpflichtigen Alters sollten Sie das jetzt nicht machen, mit
Kindern ab schulpflichtigem Alter unbedingt: nehmen Sie Ihr Kind mit! Das
zeigt zum einen Ihr Verantwortungsbewusstsein und suggeriert unterschwellig,
dass Sie diesen verdammten Job schon wegen des Kindes jetzt aber wirklich
brauchen.

Eine Kleinigkeit noch dazu. Sie als Mann können ja an Ihrem Basecap hängen,
wie an der Modelleisenbahn aus Ihrer Kindheit, aber nehmen Sie, wenn Sie
eine neue Firma betreten, bitte Ihre Kopfbedeckung ab. Ich kenne das noch aus
meiner Kindheit! Beim Betreten eines mehr oder weniger öffentlichen
Gebäudes nimmt man die Mütze ab. Ist 'ne Frage der Höflichkeit!
Für Frauen gilt das im übrigen nicht, denn sie ruinieren sich unter Umständen
durch das Absetzen des Hutes sonst ihre Frisur noch mehr!
Das erinnert mich an die Lady mit ihrem Wagenrad großen Hut im Cabrio auf
der B96, die ich mal vor einigen Jahren vor mir hatte und die schlag siebzig
fuhr, egal ob in geschlossenen Ortschaften oder auf der Landstraße. Man kam
nie an der vorbei und hatte die ständig wieder vor sich. ... eine Hand am
Lenkrad, eine Hand auf dem Hütchen ...

Also normale Straßenkleidung, die Herren die Mütze vom Kopf. Und egal wie
heiß es draußen gerade ist, ob der Asphalt auf der Straße erst kocht oder schon
verdampft, die Herren bitte niemals in kurzen Hosen! Sandalen ohne Strümpfe
sind dann erlaubt, wenn Ihre nackten Füße ordentlich aussehen. Und Frauen
verzichten dann bitte auch nicht auf den BH!

Dass Sie keine Alkoholstandarte vor sich weg tragen und in den letzten
achtundvierzig Stunden auf leckeren Knoblauch, egal wie zubereitet,

verzichten, dürfte klar sein. Und auch auf die letzte Zigarette kurz bevor Sie die Bude betreten, sollten Sie verzichten. Falls Sie vor Aufregung Schweißhände haben sollten, nehmen Sie rechtzeitig ein Tempo in die Hände. Ich hab zwei, drei davon auch immer beim Zahnarzt zwischen meinen Händen.

Sie selbst müssen indes entscheiden, wenn Sie spontan in eine Firma schauen, bleiben Sie hartnäckig und warten Sie so lange, bis man Sie bei dem, der die Leute in dieser Firma einstellt, Sie bei sich vorsprechen lässt oder hinterlassen Sie dort nur Ihre Unterlagen und treten den geordneten Rückzug an.

Es kann auch sein, dass man Ihnen sagt: „Chefe ist erst in gut zwei Stunden wieder hier!". In so einem Fall stehen Sie in spätestens zwei Stunden dort wieder auf der Matte! … Dann auch ruhig ordentlich gestylt.

Sollten Sie etwas warten müssen, ziehen Sie im Winter Ihre Jacke ruhig aus.

Kommen wir nun aber zur Königsdisziplin!

### III.II.I. Das Bewerbungsgespräch

Es ist Ihnen tatsächlich gelungen, einen Termin zu einem Vorstellungsgespräch zu ergattern! Machen Sie Sich nicht verrückt! Die anderen sind auch nur Menschen.

### III.II.II.　　　Wie bekomme ich den Job erst gar nicht?

Für den recht unwahrscheinlichen Fall, dass Sie den Job eigentlich überhaupt nicht wollen, weil das eine dieser Zwangsbewerbungen vom Amt ist, auf die Sie reagieren mussten und wo sich abzeichnet, dass das eine dieser typischen Sklaventreiberbuden ist, hab ich hier Tipps, wie Sie nun doch noch um diese Arbeit herum kommen.

Essen Sie am Tag zuvor einen Döner mit viel Knoblauchsoße, verfeinern Sie die Knoblauchrohwurst von Tante Else auf Ihrer Stulle mit zwei zusätzlichen frischen Knoblauchzehen und nehmen Sie Sich für Ihren abendlichen Tomatensalat mit die Knoblauchsalatcreme.

Während meines Grundwehrdienstes in der NVA fuhr der stellvertretende Stabschef unserer Einheit bei Übungen immer auf unserem Vermessungs-Jeep mit. Einmal reichte es mir und so hab ich am Abend vor einer dieser üblichen angekündigten Übungen eine ganze Knoblauchknolle gegessen. Der stellvertretende Stabschef verließ in diesem Falle fast fluchtartig unseren Wagen. Allerdings war ich an dem Tag in unserer Einheit ein recht einsamer Mann.

Sprühen Sie statt Ihres Parfüms bitte etwas von dem starken Rum, den Sie sonst zum Früchte einmachen, für die Feuerzangenbowle oder für den Kuchenteig verwenden, mit hauchzarter Düse auf Ihre gesamte Kleidung.

Tragen Sie Ihr T-Shirt, Ihre Unterwäsche und Ihr Hemd in diesem Falle einmal drei Tage hintereinander.

Vergessen Sie auch nicht, Sich drei Tage lang nicht zu waschen, nicht die Zähne zu putzen und nicht die Haare zu waschen. Als normalerweise trocken rasierender Mann geben Sie Sich einen Stoß und rasieren Sie Sich mal ausnahmsweise nass, unsauber, stellen Sie Sich dabei etwas ungeschickt an und schneiden Sie Sich ein paar mal in die Wange.

Für ganz harte Fälle gibt's dann noch die ausgefledderten Turnschuhe, die Sie sonst nur noch bei der Gartenarbeit oder beim renovieren tragen. Dass Sie ein Basecape mit dickem, sichtbaren Schweißrand aus der selben Kategorie tragen, dürfte selbstverständlich sein. Das nehmen Sie dann als Mann auch bitte nicht während des Gesprächs ab!

Stellen Sie Sich kurz vor Ihrer Ankunft in der Firma noch einmal wenigstens zehn Minuten lang zu ein paar starken Rauchern auf dem nächsten S-Bahnhof oder gehen Sie noch auf 'ne halbe Stunde zu Bresch Danziger Ecke Greifswalder Straße oder in eine andere der wenigen noch existierenden Raucherkneipen Berlins.

Kommen Sie knapp und möglichst nur eine Minute vor Ihrem Termin in diese Firma. Das müssen Sie aber vorher gut austimen. Stellen Sie schlussendlich übertriebene Gehaltsforderungen.
Aber Vorsicht! Sollte das Amt in diesem Falle Wind von Ihrem Auftreten bekommen, gibt's Ärger und unter Umständen sogar Leitungskürzung. Also wenden Sie so etwas nur im äußersten Notfall an und möglichst auch nicht alles auf einmal.

### III.II.III.    Die Vorbereitung

Machen Sie ein paar Tage vor Ihrem Termin in der Firma, möglichst nicht im dichtesten Berufsverkehr, wenn die Anschlusszüge und -busse auf Grund ihrer Taktdichte meist stimmen, mal eine Testfahrt mit den Öffentlichen zu Ihrem Bewerbungsort. Es kann sehr viel Zeit kosten, wenn Sie regelmäßig vorn in U- und S-Bahnen einsteigen, sie aber an jedem Umsteigepunkt hinten raus müssten.
Als Kraftfahrer schauen Sie Sich bitte vorher mal nach Parkmöglichkeiten vor Ort um. Nichts macht einen vor einem persönlichen Bewerbungsgespräch noch

nervöser, als wenn man eigentlich pünktlich da gewesen wäre, man es aber leider nicht ist, weil man in zwanzig Minuten Fußweg Entfernung einen Abstellplatz erwischt hat, der noch dazu halb in einer Feuerwehrzufahrt liegt. Gute Firmen, richtig gute Firmen, weisen einen aber bei einem Termin auf mögliche Parkplätze oder Fahrradabstellmöglichkeiten hin.

Kraftfahrer! Rauchen Sie bitte nicht vorher im Auto! Als Nicht-Mehr-Raucher kann ich Ihnen versichern, dass man einen Menschen sofort am Geruch erkennt, der in einem Raucherauto gefahren ist  und dass sich frischer Zigarettenrauch erst recht in alle Teile der Kleidung einätzt.

Auch Radfahrer sollten mal eine Testfahrt machen. Fahren Sie allerdings gemächlich, dann auch beim eigentlichen Termin, denn Sie wollen doch sicher nicht nach frischem Schweiß riechen, oder? Einzige Ausnahme: Sie haben Sich bei einem Fahrradkurierdienst beworben.
Planen Sie aber in allen Fällen bitte einen Zeitpuffer ein und kommen Sie nicht erst auf den letzten Pfiff abgehetzt vor Ort an.

Eine weiterer Teil Ihrer Vorbereitung sollte sein, dass sie sich nochmals über die Firma informieren. Nutzen Sie dafür Ihre Testfahrt, nutzen Sie aber auch das Internet. Bitte nicht alle negativen Erfahrungsberichte glauben. Findet man indes nur Positives, sollte das einen aber auch Skeptisch machen, denn über niemanden, nicht mal über sich selbst, kann man nur Gutes berichten.

Über das zu erpokernde Gehalt sollte man sich gleichfalls mal vorher informieren und es dann im Gespräch relativ realistisch ansetzen.

Studieren Sie nochmals selber Ihren an diese Firma geschickten Lebenslauf und Ihre restlichen Unterlagen. Es ist doch peinlich, wenn man danach Details gefragt wird, nicht mehr zu wissen, von wann bis wann Sie als was in der und der Firma eingesetzt waren. Wenn Sie es nicht mehr in Ihrem Lebenslauf unterbringen konnten, sollten Sie Ihre Arbeitsaufgaben in eben jener Firma relativ gut benennen und erklären können.

Worauf sollte man noch achten? Ich glaube, da habe ich vieles im letzten Kapitel, als es darum ging, Ihnen aufzuzeigen, was Sie machen können, um den Job nicht zu bekommen, vorweg genommen.
Achtundvierzig Stunden vorher keinen Knoblauch, keine Zwiebeln, keinen Kohl, keine Hülsenfrüchte essen … also alles, was möglicherweise blähen könnte. Dazu gehören auch Lebensmittel, die Zuckerersatzstoffe wie zum Beispiel Sorbit (E 450) enthalten.
Natürlich sollten Sie, zumindest noch vor dem Bewerbungsgespräch, auf Alkohol in jeglicher Form verzichten.
Puhlen Sie Sich bevor Sie Sich auf den Weg machen, bitte die Spinatblätter und

die Grünkernreste aus Ihren Zahnlücken.

Herren nehmen wie immer ihr Deo und das Aftershave, allerdings beides in eher dezenten Mengen.

Frauen benutzen besser ein eher unauffälliges, neutrales Parfüm. Alles weitere kommt auf den Job an. Werden Sie hinter einer Bar stehen, dürfen die Farben im Gesicht ruhig etwas kräftiger sein. Auch dürfen Sie in einem solchen Falle Ihre Nagelverlängerungen und Ihren Nagellack auftragen. Werden Sie indes in einem Büro sitzen und überwiegend Schreibarbeiten durchführen, würde ich an Ihrer Stelle auf Nagelverlängerungen ganz verzichten, denn ich als männlicher Chef würde mich schon fragen, wie man mit fünf Zentimeter langen „Krallen" schnell auf einer Computertastatur sein will. Frauen wissen, das geht! Aber ich als Mann bin da eher skeptisch.

Werden Sie dagegen in der Lebensmittelproduktion im weitesten Sinne eingesetzt und dazu gehört auch schon die Fleisch-Wurst-Käse-Fischtheke im Super- oder auf dem Wochenmarkt, würde ich auf „Kriegsbemalung" und erst recht auf lackierte Nägel, eher verzichten. Ich weiß doch, dass Sie natürlich jedes Kuchenstück hinter dem Backshop immer mit der Zange anfassen. Aber machen Sie das auch, wenn gerade kein Kunde im Laden ist und Sie schnell mal noch Ware in die Auslage nachfüllen müssen? ... Sehn' Sie, das ist das Problem! Ich erinnere mich auch noch sehr lebhaft an meine nette Kollegin Florance, die bei uns in der Kantine immer sau gute Tomatensuppe kochen konnte, ... angeblich. Ich hab die nie gegessen, denn wenn Florance mit dem Kochen fertig war, war das Rot ihres Lackes immer halb von ihren Nägeln abgeplatzt.
Das meine ich.
Also wenn sie irgendwo in der Produktion sind oder im Lebensmittelverkauf, verzichten Sie bitte auf Nagellack, dicke Schichten Make up's und der gleichen, denn es „könnte" ja mal was abkrümeln.

Ihre Kleidung sollte nach „der Situation angemessen" ausfallen.

Also mir ist das passiert in meiner mündlichen Mathe-Abschlussprüfung in der zehnten Klasse an meiner Polytechnischen Oberschule. Da sollte ich eigentlich morgens um acht Uhr der erste der Prüflinge des Tages sein. Allerdings übersah man bei der Prüfungsplanung, dass es um acht Uhr noch den Fahnenappell der FDJ an unserer Schule für uns gab und so wurde mein Prüfungstermin auf das Ende des Tages um 14.45 Uhr verlegt. Unschön, aber nicht zu ändern. Ich also nach hause, den Vormittag schön angenehm mit nochmals Mathe büffeln und Musik hören verbracht und nach dem Mittagessen wieder zur Schule. Da bekam man dann in einem Extraraum, in dem ich mich zuerst melden musste, an unserer ständig überfüllten Schule war dieser kleine Vorbereitungsraum ein Tisch in der riesigen Aula unter der strengen Aufsicht unseres mich später auch noch prüfenden Mathe-Lehrers, die Fragen und 'ne viertelstunde Zeit zur Vorbereitung. Anschließend mit dem Pauker hinein in den Prüfungsraum. Zum Unterrichtsende nun acht Lehrer plus Schuldirektorin und deren Stellvertreterin im Raum. Prüfungskommission fragt mich, ich hielt meinen Vortrag, war mir aber von der Sache her sicher.

Dann die Frage: „So Herr Gänsrich, können sie uns das jetzt auch mal an der Tafel erläutern? Nehmen sie sich ein Stück Kreide."

Ich dreh um und da beginnt hinter mir ein herzhaftes Gelächter. Denke noch 'huch, mein Umdrehen war doch nicht falsch?' da höre ich von hinten meinen Mathelehrer: „Machen sie sich mal keine Gedanken, Herr Gänsrich, es ist alles richtig, was sie uns bisher erklärt haben."

Ich also meine Ausführungen gemacht, richtig in Schwung gekommen dabei, dann die Ansage der Prüfungskommission: „Warten sie mal bitte kurz vor der Tür, wir müssen uns noch beraten."

Ich am ganzen Leibe schlotternd raus auf den Flur. Es dauerte keine Minute, da wurde ich wieder in den Raum gerufen.

Mein Mathe-Lehrer, ich darf den hier mal kurz erwähnen, der gute Herr Scheller, zu mir: „Sie haben hier heute in der mündlichen Prüfung das beste Ergebnis des Tages abgeliefert. Das war 'ne glatte eins. Mir selbst war es eine ganz besondere Freude, sie, nachdem ich sie hier im Hause in allen möglichen Fächern sechs Jahre lang unterrichtet habe, endlich einmal an der Tafel zu sehen, sie haben das ja hier in keinem Lehrfach freiwillig gemacht. ... Und, das war unser Lacher vorhin, denken sie bei den nächsten Prüfungen bitte daran, sich vorher andere Hosen anzuziehen."

Und da erst merkte ich, dass ich zwar morgens in den guten Hosen in der Schule erschienen war, als ich mich dann aber Mittags wieder von zu hause aus auf den Weg zu meiner verspäteten Prüfung gemacht hatte, hab ich an alles gedacht, nur nicht daran, meine heiß geliebten, zerschlissenen Zu-Hause-Wohlfühle-Gammel-Jeans wieder gegen „vernünftige" Ausgeh-Hosen zu tauschen.

Will sagen, achten Sie auf Ihre Kleidung, denn daran kann viel hängen!

Es geht nicht darum, im Sonntagsanzug zum Bewerbungsgespräch zu erscheinen! Achten Sie aber bitte darauf, dass Ihre Klamotten nicht geflickt oder zerschlissen sind. Man kann denen ruhig ansehen, dass die alt und schon mal getragen sind, denn Sie sind schließlich Arbeitslos und können Sich deshalb nicht dauernd neue Garderobe kaufen, aber gepflegt muss die sein und sauber gewaschen. Putzen Sie vorher bitte auch nochmal Ihre Schuhe!

Denken Sie aber auch daran, dass Ihr liebstes Schlumpi-T-Shirt unter Ihrem Pullover niemand sieht! Das können Sie also getrost
Sie müssen Sich bei so einen Bewerbungsgespräch in Ihren Klamotten ja auch wohl fühlen!

Was trägt man denn da?

Fangen wir mal mit dem Herren an, das kann ich als selber Herr besser erklären.
Liebe Damen, bitte sehen Sie mir dies jetzt mal ausnahmsweise nach!
Bitte!
Nadelstreifen oder Stresemann mit Weste, Hemd und Krawatte (die die
Blutzufuhr zum Gehirn abschneidet) muss nicht sein, wenn Sie Sich nicht
gerade als Oberratsintendent (was auch immer das sein mag),
Versicherungsmakler oder Banker beworben haben. Wobei ich regelmäßig zu
solch geschniegelten Typen gerade in diesen Branchen als Kunde das aller
wenigste Vertrauen habe. Als normale Bürokraft reicht auch Hemd, Sakko,
ordentliche Jeans und Turnschuhe. Bei einem Produktions- oder Supermarktjob
oder auf dem Bau können Sie auch Rollkragenpulli oder nur ein Holzfällerhemd
tragen.
Kurze Hosen und / oder Strümpfe in Sandalen geht nie. An einem ganz, ganz
besonders heißen Tag können Sie in letzterem Falle auch gern in Sandalen
gehen, dann aber mit nackten Füßen, ohne Socken!

So und nun zur holden Weiblichkeit.
Liebe Damen, Sie gehen hier jetzt nicht zwecks Herrentausch zum Tanztee ins
Adlon oder zu diesem Zwecke in ein Ballhaus, zur Disse oder in den Club.
Handelt es sich um einen Bürojob, auf den Sie Sich bewerben, kann es der
Hosenanzug sein, genauso wie der mittellange Rock mit Sakko. Jeans, auch als
Rock, eher nicht. Das „kleine Schwarze" muss es aber auch nicht sein, … nicht
mal wenn Sie Sich als Concierge im noblen Waldorf Astoria oder im Hilton
bewerben, denn dort bekommen Sie eine Uniform …. gestellt … ist dann sicher
wieder eine andere Frage, möglicher Weise wird die ihnen später vom ersten
Gehalt abgezogen.

„Betonen Sie Ihre Weiblichkeit!", ist jetzt sicher doof gesagt und soll jetzt nicht
machomäßig rüber kommen, aber wir Männer ticken nun mal so, dass wir eher
nach einer Frau im Rock oder im Kleid schauen, obwohl das sicherlich heute im
Zuge der Gleichberechtigung kein Argument sein sollte. Aber, wie gesagt,
Männer sind primitive Lebewesen. Da müssen Sie als Frau an die Urinstinkte
ran.

Highheels gehen, wenn Sie darin auch laufen können!
Bewerben Sie Sich in einer Modeboutique, sollten Sie vorher in Erfahrung
bringen, was man da für Zeugs verkauft und sich dann für das Gespräch in die
für diese Boutique passende Mode zwängen. Ich weiß, Sie als Frau haben da
sicher ein besseres Händchen für, als ich.

Haben Sie aber ein Gespräch, weil Sie als Backwarenverkäuferin arbeiten
wollen, verzichten Sie bitte auf die Hightheels, denn so toll, wie die aussehen,
muss ich als Chef davon ausgehen, dass Sie sowas als Alltagskleidung tragen,
darin aber nicht den ganzen Tag lang werden stehen können und Sie

entsprechend viel herumsitzen werden und gar nichts tun. In diesem Falle sind flache, bequeme Schuhe angemessener.

Ist Ihre angepeilte Stelle hingegen ein Produktionsjob, ein Call-Center, eine Maschinenhalle oder die Fahrzeugkanzel bei der Berliner Straßenbahn sind auch No-Name-Jeans angemessen.

Und eines noch, Hotpants sind an heißen Tagen zwar immer ein Hingucker, sie sollten diese, genauso wie den „heißen Mini" bei einem Vorstellungsgespräch eher meiden.
Auf BH und Höschen, ich weiß das von meiner Freundin Jana, die gern mal „ohne" fährt, sollte man an heißen Tagen nicht verzichten.
Schmuck in jedem Falle dezent nach dem Motto: weniger ist mehr.

Und noch etwas Grundsätzliches und das gilt jetzt für Weiblein und Männlein Tattoos sind sicher Geschmackssache. Und wenn Sie Sich in einem Tattoostudio bewerben ist das auch noch alles okay. Wenn Sie als Mann auf den Bau gehen, können Sie gern auch überall tätowiert sein, aber in allen anderen Fällen ist das so eine Sache! Das kann nämlich auch eklig sein!
Da gibt's bei mir an der Ecke im Edeka so eine bildhübsche, junge Verkäuferin, die tolle Tattoos auf Armen und Händen hat! Aber ich möchte mir diese Tattoos nicht mehr vorstellen, wenn diese Dame mal dreißig Jahre älter ist. … Igitt, diese Falten!
Sie müssen auch wissen, dass es vor nicht all zu vielen Jahren noch nicht üblich war, seinen Körper mit Tattoos zu schmücken und die, die das dennoch auf Händen und Armen machten, waren entweder Seemänner (siehe die Zeichentrickfigur des Popeye) oder die kamen frisch aus dem Knast, hatten also mal was ausgefressen.
Dasselbe gilt für Piercings. Nehmen Sie Ihren Nasenknochen zum Vorstellungsgespräch besser raus.

So, nun machen Sie Sich mal auf den Weg, denn jetzt kommen Sie in die Firma!

### III.II.IV.     Das Gespräch

Sie sind nun also in der Firma angekommen und mächtig nervös, weil Sie Sich an meine Ratschläge gehalten und deshalb dreißig Minuten zu früh in der Firma sind, die Sie vor ein paar Tagen auch schon mal ausbaldowert haben.
Sie melden Sich also ordentlich an und werden mit den Worten: „Der Chef hat gleich Zeit für sie!" aufs Wartegleis geschoben.

Auch wenn es jetzt bei Ihnen noch so sehr in den Lungenflügeln puckert, vermeiden Sie, vor die Tür zu gehen, um dort eine zu rauchen. Da findet Sie möglicherweise der Chef nicht, der doch schon zehn Minuten eher für Sie Luft hat.

Vermeiden Sie auch den Raucherraum / die Raucherecke. Vielleicht ist ja die Frau des Chefs ein Nichtraucher und die mag es nun gar nicht, wenn seine Klamotten abends nach Qualm stinken, … und das tun die schon nach dem ersten Händedruck mit Ihnen!

Und die Bezeichnung „Smokey" möchten Sie doch nun wirklich nicht als neuen Spitznamen in der Firma, oder?

Nein, ich bin kein verbitterter Nicht-Raucher! Hab ja bis Anfang 2005 selber gequarzt wie ein „Raachermannl aus 'm Arzgebirg'". … ein Päckchen Tabak am Tag! Hab dann aber nach einer Lungenembolie, an der ich im schönen Krankenhaus Westend eine gute Woche lang auf der Intensivstation fast krepiert wäre, damit aufgehört. Das war mir eine Warnung! … Ich schimpfe nicht dagegen, sondern bemitleide diese Spezies nur. Meine Mutter starb drei Jahre nach diesem, meinen Krankenhausaufenthalt an zwei Schlaganfällen innerhalb weniger Stunden durch das Rauchen, mit fünfundsechzig, mein Vater nach 'ner Thrombose, durch das Rauchen, zwei weitere Jahre später, meine Lieblingsoma mit zweiundsechzig Anno 1982 an Lungenkrebs. Also wie gesagt, ich kenne den „Raucher" als Wesen aus der eigenen Familie, aus dem Bekannten- und Freundeskreis und vom eigenen Erleben.

Rauchen Sie ruhig weiter! Aber bitte nicht vor oder während Ihres Bewerbungsgesprächs.

Auch der Cognac ist da tabu. Dieses „sich vorher Mut antrinken" geht in zweierlei Hinsicht nach hinten los. Zum einen riecht man trotz einem Mund voll Tic-Tac's auf jeden Fall Ihre Fahne, zum anderen macht Alkohol auch in gewisser Weise dröge im Kopf.

Ich verstehe Künstler in meiner Umgebung immer nicht, die vor einem Auftritt erstmal zwei bis drei Bier oder Gläser Wein in sich hinein pumpen müssen, bevor sie auf der Bühne stehen. Ich hab mich einmal dazu hinreißen lassen, bei einer langen Radionacht im damaligen OKB zwei Flaschen Bier zu trinken! Im Ergebnis waren die nächsten beiden Radiostunden von mir nicht etwa genial, sondern einfach nur doof, … weil ich noch ein wenig mehr nuschelte, als sonst und weil ich im Gespräch mit meinen Gästen nicht mal mehr halb so witzig, geistreich und schlagfertig war, wie sonst. Das war mir eine Lehre und seitdem gilt für mich: kein Alkohol vor Veranstaltungen, Lesungen, Führungen, Sendungen oder vor wichtigen Terminen. Danach muss es aber auch nicht sein.

Man hat Sie nun also zum Warten verdammt. Wird Ihnen da eine Tasse Kaffee angeboten, lehnen Sie die besser ab. Ich sehe ja schon förmlich Ihre Hände flattern, wie Sie fahrig nach der Milch fragen und Sie dann im entscheidenden Moment versehentlich so viel Milch in Ihre Tasse schütten, dass diese überläuft. … oder die Kappe der Zuckerdose fällt ab … oder Sie verschütten einfach so den Kaffee, weil die Tasse zu voll ist.

Auch der schicke Kaffeeautomat im Aufenthaltsraum, in den man Sie abgeschoben hat, ist keine Alternative. Wo zum Teufel ist der Schlitz für das verdammte Geld? Wo muss man drücken, wenn man was haben will? Haben Sie überhaupt passende Münzen dabei? Die Gesetze des guten alten Murphey kann man an dieser Stelle sehr kreativ anwenden! Vielleicht war aus gutem Grund bisher noch niemand vor Ihnen an dem Automaten und so dauert das Kaffee erwärmen mindestens zwanzig Minuten! Und/oder Sie werden genau in dem Moment zum Chef bestellt, in dem Sie Sich ihren Kaffeebecher aus dem Automaten zerren. Dabei verbrennen Sie Sich erst die Finger, dann die Zunge und gießen Sich schließlich den Rest genau auf Ihre neue Bluse oder in den Schritt. Wie peinlich. Auch schon erlebt: der Becher ist undicht und leckt oder er ist so voll, dass man sich den ersten Schluck beim Entnehmen aus dem Automaten über die Schuhe schwappt.

Unkomplizierter, aber nicht weniger tückisch: die Brauseflasche mit dem Schraubverschluss aus dem Automaten im „Abschieberaum". Die brauchen Sie jetzt aber nicht nochmals extra zu schütteln, denn durch das einmal durch den Automaten rollen, spritzt die auch so beim öffnen.

Daher die salomonische Lösung: bringen Sie Sich zum Bewerbungsgespräch ihre Flasche mit dem stillen oder nur halb toten Wasser besser selber mit. Dann haben Sie während des Wartens was zum spielen für die Finger und tun gleichzeitig etwas gegen Ihren trockenen Mund.

Wenn man Sie hier jetzt ein wenig über Ihren Termin warten lässt, bitte keine Panik. Wer weiß, wozu das gut ist. Wenn man Sie aber über eine Stunde sitzen lässt, ohne Sie darüber zu informieren, dass der Chef sich wohl etwas verspätet, würde ich schon mal freundlich aber bestimmt, garantiert aber nicht devot nachfragen, ob man Sie vergessen hat.

Möchte man Ihnen jetzt ein neues Terminangebot geben, weil der Chef heute wohl doch nicht mehr zu sprechen ist, schlagen Sie nicht auf das erste Angebot ein. Sie sind schließlich eine sehr begehrte Arbeitskraft und haben an dem Ihnen vorgeschlagenen Termin gerade ein Vorstellungsgespräch in einer anderen Bude! Machen Sie dafür ein Gegenangebot. Dann müssen die reagieren.
Sollte man Sie indes an drei Terminen so behandeln und immer und immer wieder sehr kurzfristig das Gespräch verschieben, schreiben Sie einen netten Kommentar mit Firmennennung bei Facebook, Twitter und auf Seiten, auf denen ähnliche Erfahrungsberichte über diese Bude gesammelt sind.

Nun aber, der große Moment! Ihr Name, … wie hießen Sie doch gleich? … wurde aufgerufen! Das Theaterstück kann beginnen! Ihr Auftritt also in der Ballade „von der Eier legenden Wollmilchsau"!

Wie man es nicht machen sollte, hab ich schon 2007 in dem nun folgenden Kleinkunstbühnentext dargelegt:

*

*„Juten Tach! Mir schickt det Amt. Ick komm also von Amtswegen sozusagen. Ick wär ja liebers bei de Post, da könnt ick öfters komm – hö-ho – sie verstehen, wat ick meine? – Hö-hö! ... Man, haben sie aba'ne feuchte Flosse! Fisch wa? ... Mesta, wozu jibs Haare? Sehn se, eenmal durch und die Haare liegen und die Flossen sind ooch sauber und drocken, wa? – Hö-hö! Schön ham se det hier, ja! Kuchliges Sofa ... na, da brauch wohl die Kleene, Süße vorne ja keen Steno zu könn brauchen, wa? – Hö-hö! Mönsch sagen se mal, ham sie die Primeln hier uff'n Tisch selba jeschossen oder is det'n Souvenir von ihre Olle, damit se jetz schon mal sehn könn, wat ihn heut Abend um die Ohren fliegt? Hö-hö! Na, wat is denn det da? Wat sehn denn da meine entzündeten Augen hier uff ihr'n Schreibtisch? Ick dreh ma det Bild um, ja? ... Ihre einzige Tochter? Ach, det is ihre Olle! Nettet Jefährt! ... Wat hat die denn da inne Fresse! ... Ach Zähne! ... Ach, det sind Zähne, ... ja-ja! Ob ick wat trinken tue? Ick dachte schon, sie fragen mir gar nicht mehr! Also früher, ja, früher, bevor ick diese Leberzirrhose hatte, mehr ja. Da haben mir ooch noch nich so die Hände jezittert'n janzen Tach lang, ja, ... und ick habe nich so ville verschüttet dabei, ja. Also det is schon weniger geworden. Aber wenn sie mir so fragen, ... ? Ick nehm'n kleen Kümmel und'n Wodka zu ja! ... Ick hab noch nischt in'n Magen, wissen se! Und der Kümmel is wegen die Blähungen und so. Danke, wa! Na denn lassen se uns mal'n kleenen über den Wurzelschnurz gießen, ja – hö-hö! Wohl sein, ja, wohl sein! Sagen sie, wat machen sie hier in die Bude eijentlich? Drehn sie hier nur Däumchen oder machen sie hier ooch noch wat Richtiges? Ach sie machen hier Pflaumenmus! Wer braucht denn sowat? Wird sowat überhaupt jekooft? ... Ja, ehrlich? Wird jekooft! Hätte ick ja nich jedacht. Ick meine Slibowitz ja. Sowat jeht doch runter wie Öl wa, aber Pflaumenmus? Da ackern sie hier mit'n Atomkraftwerk zusammen, wegen die Kernspaltung, wa? – Hö-ho! Wat? Wat meen sie? Ob ick kontaktfreudig bin? Na klar! Und wie! Wolln se etwa'n kleen Skat kloppen mit mir? Ja? Warten se ma. Ick kann gleich mein'n alten Saufkumpel Udo anbimmeln. Wenn er nicht gerade kotzt, säuft er, wissen se. Und Kinder! Jörn mag ick sehr! Hö-hö! Kinder mag ick am liebsten jut durchjebraten, so von wegen det janze Fett und so. Wat meine Olle so den janzen Tach macht? Weeß ick doch nich! Wir quatschen so selten vor'n Fernseher. Na wissen se, wir sind ja ooch ständig pleite. Ick versuche zwar schon sechs bis acht mal die Woche, mein Jeld beim Flippern, so an Spielautomaten uffzubessern, aber det klappt nicht immer, ja, ... muss ick ja sagen. Ick, bei Ihn arbeiten? Klar doch! Det Amt hat sicherlich nischt dajejen! – Hö-hö! – Aber wissen se, meine Olle! Ick weeß nich! Ick kann doch meene Olle nich alleene einkoofen jehn lassen. Die schafft det doch von alleine immer so selten, die Portemonnaies von die Omas vor uns anne Kasse zu klauen. Hö-hö! Schade eigentlich, sonst könnten wir doppelt so ville einnehm und sowat is doch von't Amt erlaubt, wa?*

*So, Meesta, eene drockene Luft hier. Ick jeh jetz ma, wenn sie mir keen weiteret Schnäppaken mehr anbieten wollen. War nett, mit ihn zu plauschen, wa. Hö-hö! Wenn sie mir anstellen wollen, rufen se mir an. Aber nich vor um zwölfe und nich nach zwei, wejen meen Schönheitsschlaf und so. Also Tschöhschen denn, wa?"*

*

Wie gesagt, so sollte man es nicht machen! Wenn Sie in den Besprechungsraum hinein gebeten werden und Sie haben wegen des Wetters relativ viel an, also noch 'n Mantel und 'n Schal und 'ne Weste, und 'n Hut, so hängen Sie dies alles in diesem Raum an die Garderobe. Sich den Mantel über die Lehne des Stuhls zu werfen, auf dem man dann sitzen wird, ist einfach unhöflich, muss doch Ihr künftiger Chef davon ausgehen, dass Sie das auch später in seinem Büro so machen. Und nicht zu vergessen, wer schon mit den eigenen Sachen etwas schlampig umzugehen scheint, der wird es mit den Mitteln der Firma erst recht. Ist keine Garderobe da, legen Sie alles ordentlich auf einen der anderen Stühle im Raum.
Warten Sie dann mit dem sich setzen zum einen, bis man Ihnen eine Sitzgelegenheit angeboten hat und sich Ihr Gegenüber gesetzt hat.
Bietet man Ihnen keinen Stuhl an und / oder setzt sich Ihr Gegenüber auch nicht, bleiben Sie einfach stehen!

Bevor Sie Sich nun aber setzen, holen Sie noch eine Kopie Ihres Lebenslaufes, der Dritten Seite und Ihres Anschreibens an diese Firma aus Ihrer Tasche und behalten das alles in Ihren Händen. Das hat folgende Vorteile für Sie: Sie haben erstens etwas, woran Sie Sich im wahrsten Wortsinne festhalten können, Sie können zweitens im Gespräch auch noch mal in Ihren Unterlagen spicken und drittens wissen Sie nun wenigstens, wohin mit Ihren Händen. … Das ist ja dann oft ein Problem: dass man in so einer Situation nicht weiß, wohin mit den eigenen Händen. … in die Hosentaschen? … vor dem Schritt mit den Fingern zu einem Dreieck geformt, wie unsere Bundeskanzlerin Angela Merkel? … die Arme verschränkt vor der Brust? … die Finger verhakelt am Gesäß? … Gibt ja da viele Möglichkeiten. Mit den Unterlagen in der Hand umgehen Sie das. Was machen Sie in der Zwischenzeit mit der anderen Hand? Brillenträger haben es da einfach, die nesteln am „Seheisen" herum. Und für alle anderen gilt: auch die zweite Hand an Ihre Papiere zu legen.

Die Begrüßung im Raum. Reicht der andere Ihnen seine Hand, drücken Sie fest, aber nicht Schraubstockmäßig zurück. Herrscht gerade mal wieder eine Influenza- oder Grippe-Epidemie, dürfen Sie darauf von sich aus verzichten. Werden Sie ohne Handschlag begrüßt, reicht ein offenes „Hallo" ohne Berührung.
Das Klopfen auf den Tisch, wie in Speiches Bluskneipe üblich, unterlassen Sie bitte.

So, Sie sitzen jetzt.

„Sie sind also Herr oder Frau Soundso. Rauchen sie?" Natürlich rauchen Sie …
jetzt … nicht.
„Vielleicht 'n kleinen Cognac zur Beruhigung?" Wenn Sie den Job nicht haben
wollen, greifen Sie jetzt zu, ansonsten besser nicht.
„Aber 'n Käffchen nehmen doch, gemeinsam mit ein paar Keksen?" Was hatte
ich vorhin gesagt? Auf den Kaffee verzichten Sie bitte. Und wie sieht es mit
Staub trockenen Keksen, Kindererstickungskuchen oder Sahnetorte aus?
Verzichten Sie bitte auch darauf, denn mit vollem Mund spricht es sich so
schlecht. Hinzu kommen noch rein praktische Aspekte: Wohin mit den
Krümeln, der überzähligen Sahne, den ganzen Kalorien? … und … Was machen
Sie in der Zwischenzeit mit den Unterlagen, die Sie noch in der Hand halten?

Auch auf Nachfrage müssen Sie jetzt nicht alles sagen, gerade als Frau. Ob Sie
Sich noch Kinder anschaffen oder heiraten wollen, ist allein Ihre Sache. Ihre
Schwangerschaft ist auch keine Krankheit, also interessiert die nicht.

Sie müssen jetzt aber, auch wenn Sie den Job unbedingt haben wollen, Ihre
schweren Krankheiten aufzählen. Die Blinddarm-OP aus Ihrer Kindheit ist da
vollkommen egal. Aber wenn Sie zum Beispiel Blutgerinnungsstörungen haben,
unter Rheuma leiden, Sie seit Jahren wegen Ihrer Depressionen in Behandlung
sind, Ihr Rücken kaputt ist, Sie Diabetes gleich welchen Typs haben, das muss
Ihr neuer Arbeitgeber wissen, denn Sie müssen damit schließlich regelmäßig zu
Fachärzten wie Kardiologen, Internisten, Psychologen, Neurologen und der
gleichen, und bei dieser Arztmenge wird es sich nicht immer vermeiden lassen,
dass Sie den einen oder anderen Ihrer regelmäßigen Termine dort auch mal kurz
vor oder sogar in Ihre Arbeitszeit legen müssen, sonst schaffen Sie die nicht,
denn da hängen ja oft auch weitere Arzttermine mit dran, wie zum Beispiel der
Urologe, Augen-, Zahn-, Frauenarzt usw. usf.

Wenn Sie so etwas Ihrem neuen Arbeitgeber nicht erzählen und Sie fallen
wegen einer Ihrer Dauererkrankungen auch nur mal kurzfristig für einen oder
zwei Tage aus, oder Sie können mal eine Zeit lang ein paar Sonderaufgaben
deswegen nicht erfüllen, ist dies schon ein Grund für den Arbeitgeber, sie
wieder fristlos zu kündigen! In diesem Falle jedoch ist das Recht auf seiner
Seite, denn er hätte das von Ihnen wissen müssen.
Also ist Ihre Entlassung in diesem Falle Ihre Schuld.
Wenn Sie aber durch Ihre eigene Schuld vom Arbeitgeber entlassen wurden,
sperrt Ihnen das Amt für mindestens ein Vierteljahr das Geld!!!

Ich wiederhole!
In Ihren schriftlichen Bewerbungsunterlagen dürfen Sie von Amts wegen kein

Wort von Ihren Krankheiten verlauten lassen, im Bewerbungsgespräch müssen Sie das aber auf jeden Fall erzählen.

Ausnahme: Wenn Sie Schwerbeschädigt sind, sollten Sie dies schon vorher in Ihren schriftlichen Unterlagen erwähnen, aber nur zusammen mit dem Hinweis, dass der Arbeitgeber für Ihre Einstellung staatliche Zuschüsse bekommt.

Man sollte auch auf keinen Fall über die letzte Firma, bei der man gearbeitet hat, hetzen.
„Ja, wissen sie, was die mit ihren Mitarbeitern gemacht haben? Nicht eine Überstunde würde da bezahlt. Und erst der Umgang mit den Kunden ... dass die das nie kapiert haben, dass man da den einen gegen den anderen Kunden gegen einander ausgespielt hat. Und was meinen sie erst, wie die immer die da immer die Steuer beschissen haben!"
Verkneifen Sie Sich sowas. Ihr künftiger Arbeitgeber muss davon ausgehen, dass Sie solche Betriebsinterna später über seine Bude auch ausplaudern, so gerechtfertigt solche Anschuldigungen oft sicher sind. Und außerdem, vielleicht kennen sich ja auch beide Firmeninhaber persönlich von Kongressen und Tagungen. Wie peinlich!

So, bis hierher haben Sie alle Hürden überstanden!
Man gibt Ihnen zwar noch keinen Arbeitsvertrag, aber dafür dürfen Sie jetzt endlich mal zeigen, was wirklich in Ihnen steckt!

IV.I. Der Probetag

Sowas bieten viele Firmen an. Auf mehr, als auf eine, im aller-, allerhöchsten Falle auf zwei Wochen sollten Sie Sich dabei nicht drauf einlassen, denn nach zwei Wochen ist in den meisten Fällen jemand schon so gut eingearbeitet, dass er eine komplette Stelle in der Bude übernimmt. Es gibt Firmen, die von solchen Probearbeitstagen leben, denn sie zahlen für diese Zeit weniger, im besten Falle gar nichts.
Niemand wird es Ihnen verdenken, wenn Sie am Probetag mehr als nervös sind. Sehen Sie es als eine Art Lampenfieber. Ich bin mal zu einem Kennenlerntag von der Rentenversicherung in eine Fortbildungseinrichtung geschickt worden und war darum so nervös, dass ich nicht nur die Nacht davor nicht geschlafen hab, sondern dass ich die halbe Nacht auch noch mit dem Kopf in der Kloschüssel hing, weil ich mich andauernd übergab. Und dann in der Firma ran an den PC. „Nun machen sie mal zwei Stunden lang was, ich nehm mir dann Zeit für sie". Und dieser komische PC fuhr von selber hoch und wieder runter und hoch und wieder runter und hoch und ... Kurz vor Ende dieser zwei Teststunden traute ich mich dann mal 'n Dozenten zu fragen. „Ach, die Nummer siebzehn? Ach der hat sich bloß mal wieder von selber 'n Virus eingefangen. Setzen sie sich mal einen Platz weiter und machen sie sich keinen Kopf."

So ist das Leben.

Haben Sie nur ein oder zwei Probetage, so geben Sie Ihr Bestes, aber nicht Ihr Allerbestes! Und verbrüdern Sie Sich noch nicht mit den um Sie herum arbeitenden anderen Kollegen. Sie wissen, Sie werden jetzt ganz genau beobachtet. Der eine oder andere von denen hat vielleicht jetzt Angst um seinen eigenen Arbeitsplatz, weil er entweder sowieso schon auf der Abschussliste steht oder weil seine halbjährige Probezeit in zwei Wochen endet. Seien Sie also nun nicht Streber und Klassenbester, sondern liefern Sie solides Handwerk. Obwohl Facebook, Ihr Kreditkartenunternehmen und die Schufa alles über Sie weiß, seien Sie bei ein paar Probearbeitstagen nicht zu Mittelungsbedürftig. Sie kennen die Gruppendynamik im Unternehmen noch nicht und wissen nicht, wer hier der Zuträger zum Chef ist. Also können Sie auch nicht gezielte Desinformationen über sich selbst streuen.

Das Jobcenter übrigens geht bei bis zu einer Woche unbezahltem Probearbeiten mit. Spätestens dann aber sollte es bezahlt werden.

IV.II.        Die halbjährige Probezeit

Hört sich gut an, ist es aber manchmal nicht. Klar, ein Unternehmen möchte erstmal wissen, ob Sie überhaupt in die Bude passen. Aber viele Firmen, die nicht solide arbeiten, nutzen das dann und die Arbeitswut der darauf hoffenden,möglicherweise einmal Festangestellten erbarmungslos aus und sie entlassen, bis auf eine Stammbelegschaft für den Notfall, grundsätzlich immer alle ihre neuen Mitarbeiter ein oder zwei Tage vor Ende der Probezeit. Das dann dem Arbeitsamt / Jobcenter zu erklären, ist allein Ihre Schwierigkeit.

Auch hier gilt, werden Sie nicht zum Streber, die kann nämlich keiner leiden. Es sei denn, sie wollen der neue Zuträger des Chefs werden, weil Sie Ihre alte Stasi-Vergangenheit noch nicht hinter Sich zurück gelassen haben oder weil Ihr hauptsächlicher Brötchengeber die NSA oder die Volksrepublik China ist.

Der große Vorteil an dieser Probezeit ist, dass auch für Sie selbst darin klar werden kann, ob die Firma zu Ihnen passt.

Wie gesagt, seien Sie vorsichtig, mit dem, was Sie anderen über Sich selbst mitteilen. Arbeiten Sie solide und strebsam, aber passen Sie Sich der allgemeinen Arbeitsgeschwindigkeit an. Es hat keinen Zweck, wenn Sie immer als erster kommen und als letzter gehen und auf Ihre Pausen verzichten, denn ein Arbeitnehmer, der sich nicht auch mal erholt, wird über kurz oder lang, eher über kurz, gesundheitlich ausfallen. Gibt es Gleitzeit, kommen Sie nie grundsätzlich „auf den letzten Pfiff".
Meine Erfahrung mit festen Arbeitszeiten ist folgende: ich selbst komme fünf

bis acht Minuten früher, bleibe maximal zehn Minuten länger, verkürze meine mir zustehenden Pausen um höchstens fünf Minuten, bleibe aber, wenn wirklich mal Not am Mann ist, auch gern unbezahlt zwei Stunden länger. Hatte in der einen Firma, die meine Arbeitskraft im Nachhinein gesehen eigentlich gar nicht verdiente, immer eine Handvoll Kolleginnen und Kollegen, die jeden Tag eine Stunde zeitiger kamen, die grundsätzlich ihre Mittagspause von neunzig auf zwanzig Minuten verkürzten und die obendrein auch noch immer mindestens eine Stunde länger blieben. Insgesamt also gut drei Stunden unbezahlte Mehrarbeit pro Tag ... macht pro Woche fünfzehn, pro Monat um die sechzig Stunden. ... Ironie an der ganzen Sache: diese Leute wurden, als es der Bude dann mal schlecht ging, nur wenige Tage nach mir entlassen.
Will sagen: schonen Sie Sich!

Seien Sie nicht faul, aber schonen Sie Sich ... auch in der Probezeit.
In der Ruhe liegt die Kraft.

Und seien Sie nicht geknickt, wenn es dann mit der Festanstellung doch nicht klappt. Auf etwa hundert Probezeitjobs kommt in meinem Bekanntenkreis höchstens eine anschließende Übernahme.

Noch schlimmer ist da das Verhältnis bei „Bürgerarbeit" oder bei den MAE's (Mehraufwandsentschädigung = 1,50 € Jobs). Da wird zwar immer, IMMER, versprochen, dass man nach Ablauf der Maßnahme „auf jeden Fall" übernommen wird, aber dieser „jeden Fall" ist mir noch nie begegnet.
Bei diesen Dingern gilt bei der Arbeit: Mañana ... immer mit der Ruhe.
Und obwohl diese Minijobs eigentlich die beste Werbung eines Vereins für sich selbst sein könnten, um die MAE's dann mal nach Auslaufen der Maßnahme für sich und ein Ehrenamt in ihrem Verein zu gewinnen, ist mir auch dieser Fall noch nie in der Praxis begegnet.

IV.III.        Das Praktikum

Das unbezahlte Praktikum kann in einer Selbstfindungsphase eines Menschen durchaus angebracht sein. Alles, was sich da „Praktikum" schimpft und bis maximal zwei Wochen dauert, würde ich „Probetag" nennen. Darüber hinweg ist es Ausbeutung!

Das bezahlte Praktikum sollte ein halbes Jahr nicht überschreiten.
Sehen Sie ein Praktikum als Lehrzeit oder sogar als Lehrzeit vor der Lehrzeit an, in dem man mal in so einen Beruf hinein schnuppern kann.

Oft wird es auch an eine Maßnahme oder Fortbildung des Jobcenters, der Arbeitsagentur oder der Deutschen Rentenversicherung gekoppelt. Gerne heißt es da dann, drei Monate Theorie, drei Monate unbezahltes Praktikum. Hier

müssen Sie die Kröte der Nichtbezahlung leider schlucken. Diese drei Einrichtungen machen Ihnen dabei dann auch immer Hoffnung, dass, wenn Sie dort zweihundertprozent Leistung geben, Sie dann vom Praktikikumsgeber garantiert, aber sowas von garantiert übernommen werden, dass Sie eigentlich nur noch zweihundertprozent Leitung geben brauchen.
Machen Sie Sich besser keine Hoffnung! ... und geben sie höchstens dreiviertel Ihrer Leistung!
Die meisten Buden, die solche Plätze anbieten, leben von den Praktikanten. Bei öffentlichen oder sozialen Einrichtungen mag das ja alles noch voll okay sein, in der „freien Wirtschaft" vernichtet so ein Gebaren nur richtige Arbeitsplätze, weil man so immer nur kurzzeitig Praktikanten beschäftigt, die die Hilfsarbeiten machen können, die man sonst teuer mit dem Mindestlohn bezahlen müsste.

### IV.IV.    MAE oder sonstige Maßnahmen

... sind sicher für viele Langzeitarbeitslose ein Segen. Und finden MAE's (der sogenannte „Ein-Euro-Job", MAE = MehrAufwandsEntschädigung) in sozialen oder karitativen Einrichtungen, Vereinen oder eGmbH's statt, sind sie sicher gerechtfertigt. Ein fester Job wird daraus aber sicher auf keinen Fall für Sie. Gefährlich sind diese MAE's und solche Dinger, wenn die im Feld der „freien Wirtschaft" passieren. Wenn Sie in Ihrer MAE Supermarktregale bei Edeka oder Netto auffüllen müssen, wäre dies zum Beispiel ein Grund für Sie, als Whistleblower an die Presse damit zu gehen. Es sei denn, Sie machen Sich unbegründete Hoffnungen, dass man Sie doch noch übernimmt.
Aber ich schätze, auch Sie sind noch lernfähig und lernen aus Ihren Fehlern.

Leider wissen viele Vereine und Einrichtungen es nicht, eine MAE als Werbung für ein Ehrenamt bei sich zu benutzen. Ich kenne kaum jemanden, der nach so einer Maßnahme noch länger als einen Monat freiwillig zu ehrenamtlicher Tätigkeit zurück kommt.
Das ist wie mit dem Urlaubsflirt oder dem Kurschatten. Man gelobt sich ewige Treue, aber sowie man wieder im gewohnten Umfeld ist, heißt es „aus den Augen, aus dem Sinn".

### IV.V.    Die Leiharbeitsbude

Warum zum Teufel wollen Sie Ihr sauer Verdientes mit einem Zwischenhändler Ihrer Arbeitskraft teilen? Fairtrade ist anders! Wer mit Arbeitskräften handelt, handelt mit Menschen, Menschhandel ist aber nach EU-Recht und nach der UNO-Menschenrechtskonvention vom 10.Dezember 1948 verboten.
Noch fragen?
Ja, wir haben mittlerweile fast schon amerikanische Verhältnisse auf dem Arbeitsmarkt. „Hire & Fire" heißt es. Arbeitszeitbuden, die ja eine Zeit lang wie Pilze aus dem Boden geschossen sind, befriedigen diesen Bedarf.

Obwohl ich diese Buden also nicht sonderlich mag, habe ich doch tatsächlich die Erfahrung gemacht, dass sich in den meisten Fällen aus so einer Anstellung in der Leihabreitsbude ein fester Job in einer richtigen Firma wird. Das gelingt sicherlich nicht beim ersten mal, manche werden durch die Arbeitszeitbuden in bis zu zehn Firmen nacheinander eingesetzt, aber spätestens, wenn eine dieser Firmen nach Ihnen, ganz konkret nach Ihnen, verlangt, sind Sie auf dem richtigen Weg. Geben Sie also schon vom ersten Einsatztag an alles!
Ja, es gibt auch schwarze Schafe unter den Zeitarbeitsfirmen, aber die meisten arbeiten ehrlich, kümmern sich um ihr eingesetztes Personal und haben auch ein offenes Ohr bei Problemen.

## V. Epilog

Wer indes keine echten Chancen mehr auf dem sogenannten „ersten Arbeitsmarkt" mehr hat, wer einfach die Schnauze voll vom Amt oder von misslaunigen Vorgesetzten hat, der sollte versuchen, sich irgendwie selbständig zu machen. Da muss man oftmals nicht mal großartig tausende Euros investieren. Am besten wäre es, Sie machten aus Ihrem Hobby Ihren Beruf. Putzen Sie gern? Dann werden Sie selbständige Haushaltshilfe! Verkaufen Sie gerne Würstchen? Dann dann melden Sie Sich mit Ihrem Grill auf dem nächsten Wochenmarkt an! Handwerkern Sie gern? Warum melden Sie denn dann kein eigenes Gewerbe als Hausmeisterservice an?
Wissen sollten sie aber, als Selbständiger sind Sie selber ständig aktiv. … und vergessen Sie Freizeit, Urlaub oder Wochenenden.
Der Lohn?
Ihre berufliche Freiheit!

Rolf Gänsrich

## VI. Impressum

V.i.s.d.P. Rolf Gänsrich

„Was muss ich tun, damit der Zustand weiter so bleibt, wie er ist?", fragten sich die Mitarbeiter einer Firma, mit der es bergab ging.
„Noch unfreundlicher zu unseren Kunden sein!", „Weitere Mitarbeiter auf Posten setzen, auf denen sie inkompetent sind.", „Das Betriebsklima verschlechtern!", waren unter anderem die Antworten der Mitarbeiter auf der Personalversammlung.
Diese Hinweise wurden dann in umgedrehter Form umgesetzt und der Firma ging es wieder besser.

Und genau das soll dieser nicht ganz ernst gemeinte, kleine Ratgeber bewirken. Er ist bissig, zynisch geschrieben und beinhaltet in kürzester Form all das, was man beachten sollte, wenn man einen Job garantiert nicht will.
Wir wissen schließlich alle, dass es ein „richtiges bewerben", die alles entscheidende Form, nicht gibt.

Über den Autor Rolf Gänsrich
- schreibt seit 1996 für die Stadtteilzeitung „Prenzlberger Ansichten"
- macht seit 1995 bei alex-radio „alex auf 91,0" die Hörfunksendung „O.K.beat" mit immer neuen Gästen aus Kunst, Wirtschaft und Politik und eigener Satire
- war Gründer der Kleinkunsttruppe „Crazy Words" und schrieb dafür Kurzgeschichten und Gedichte
- macht und organisiert Stadtführungen im und am Prenzlauer Berg
- ist Jahrgang 61, gelernter Wirtschaftskaufmann, arbeitete Jahrzehnte lang im Einzelhandel, tritt immer wieder mal als Gastdozent bei „Bewerbungstrainings" in kleinen Bildungseinrichtungen in Erscheinung

Der hier vorliegende „Ratgeber" ist sein erstes längeres schriftstellerisches Werk und entsprechend seiner Erfahrung eher wie eine Kurzgeschichte geschrieben.